Yehuda Shenef

Buch der Wortungen

kleines etymologisches Wörterbuch für alle,
denen Bildung auf Dauer nicht genug ist

erweiterte dritte Auflage

Juli 2020

... vor dem Wort *war die* Wortung...

Im Anfang

So ziemlich jeder hat eine Vorstellung davon, was Bildung ist, wo sie sich bemerkbar macht, wo und wann und bei wem sie fehlt, was man dafür nun so alles tun müsste. Für dieses und vieles mehr mangelt es nicht an Begriffen, Wörtern, Worten.

Das *Wurzelwort* der Bildung ist das *Bild*. Das alte deutsche Wort Bild meint eine Darstellung, ganz gleich ob gegossen, gemalt oder geschnitzt. Meist bezeichnete man damit jedoch Zeichnungen, Malereien, Ab-*bild*ungen. Unter „bilden" verstand man früher einen Text mit Bildern ausstatten. Das was wir heute be*bild*ern oder illustrieren nennen. Damals erlangte man Bildung noch ohne Textverständnis. Du aktuelle verstärkt sich die Tendenz dazu auch wieder, argwöhnen manche.

„Sich ein Bild machen" versteht man heute aber auch vor allem als Schnappschuss mit dem Smartphone. Das ist selbstgenügsam, wie ein *„Selfie"* und beweist auch die Existenz. Immer öfter auch die des Fotografen. Es wird wohl nicht mehr lange dauern, bis Polizei und Gerichte einen Kläger, Angeklagte oder Zeugen für *unglaubwürdig* halten, so er über keine *Videobeweise* (die es auch im Sport immer öfter gibt) verfügt, deren „Unbearbeitet/heit" im Labor bestätigt werden muss.

Bilder und ihre Begriffe basieren auf Wörtern, immer. Trotzdem spricht man von Bildung, selten von Wortung. Der Begriff der Wortung gibt es tatsächlich, auch wenn er zugegeben nicht sehr gebräuchlich, oder fast vergessen ist. Er klingt so seltsam als würde man von Was-, Wo- oder Wie/bung, statt von der allseits akzeptierten Wer/bung sprechen.

Aber keine Angst, es schadet durchaus nicht, Sach-
verhalte immer wieder in Frage zu stellen, nachzuschauen, auf welchen Fundamenten all das was wir als
selbstverständlich auffassen, tatsächlich steht. Es ist
durchaus legitim, auch unerwartete Fragen zu stellen
und Gedanken auf den zu Weg bringen. Die grund-
legende Form ist, nach Wörtern selbst zu fragen.

Der deutsche Sprachforscher *Friedrich Schnittehner*
(1796-1850) umriss „Wortung" in seiner *„Ausführlichen
teutschen Sprachlehre nach neuer wissenschaftlicher
Begründung als Handbuch für Gelehrte und Geschäftsleute ..."* aus dem Jahr 1828 so:

„Die Lehre von der Wortung *oder Gestaltung der
Wurzel zum Worte ist die tiefste und schwierigste der
Grammatik; denn die der Form ledigen Wurzeln liegen
nicht in den Gränzen der Sprache, und sind eigentlich
nur ein Postulat der hören Etymologie. Wenig zu
verwundern ist es daher, daß in der abendländischen
Grammatik alle Kenntniß der Wurzeln erloschen,
wobei dann unvermeidlich war, daß unzählige Er-
scheinungen der Sprache mißverstanden wurden. So
entbehrlich in der That auch die ganze Lehre für
diejenigen ist, der sich Behufs richtiger Behandlung der
Sprache eine oberflächliche Kenntniß der Grammatik
verschaffen will, also auch für allen Elementar-
unterricht; so nothwendig und wichtig ist sie für tiefere
Kenntniß und Kritik der Sprache."* (S. 161)

Keine Sorge, wir werden uns in diesem Buch **nicht** mit
Grammatik befassen. Man muss auch über das Zitat
nicht zu viel nachdenken, dient es in erster Linie als
Beleg dafür, dass der Begriff bereits vor etwa zwei
Jahrhunderten in die Sprachwissenschaft gebräuchlich
war. Das zu wissen reicht durchaus.

Man könnte noch darüber spekulieren, ob viel geläufigere Begriffe wie *Ver-* oder *Beant*wortung der Verbreitung im Wege standen, jedenfalls hat der Begriff „Wortung" das schon im 19. Jahrhundert bereits staubtrockene Milieu der Linguistik kaum verlassen und ist gegen Ende des 20. Jahrhunderts auch dort recht selten geworden. Zuletzt waren es auch eher Literaten, die wie Norbert Mayer *Gedichte* als „Wortungen" (Innsbruck 2004) bezeichnen. Sozusagen als Begriffs-Recycling.

Die Absicht des Buches besteht darin, die ursprüngliche, eigentliche Bedeutung von mehr oder minder geläufigen Schlagworten und Begriffen der Alltags- und Mediensprache aufzuzeigen. In der Sprachwissenschaft heißt der Fachbegriff dafür *Etymologie,* dessen eigene Bedeutung sich in etwa als „wahre Geschichte" oder „Wahrheitslehre" übersetzt. Ein für die heutige Zeit etwas hochtrabend klingender Anspruch. Leider auch ein irreführender, da die Mehrzahl etymologischer Wörterbücher der Gegenwart den jeweiligen Begriff aus der Sicht der heutigen Verwendung heraus beurteilen und meist wenig oder gar keinen Wert darauf legen, die sehr häufig anzutreffenden Abweichungen zu würdigen. Das Prinzip scheint zu sein, dass man besser keine Fragen aufwirft, die man nicht mit Gemeinplätzen beantworten kann. Das ist umso bedauerlicher, wenn man berücksichtigt, dass die Etymologie, die Lehre von der Herkunft, Entwicklung und Bedeutung der Wörter, dereinst Ursprung und Grundlage der mittelalterlichen Philosophie war.

Die Absicht besteht nicht darin, mehr oder minder geläufige Begriffe und Fremdwörter im Sinne ihrer heutigen Verwendung zu erklären, oder wie es dazu kam, sondern zu hinterfragen, was es mit Begriffen, die wir in unserer Alltagssprache benutzen im Grunde auf sich hat. Denn auch, oder besser gesagt: *gerade, weil* uns viele Wörter so vertraut erscheinen, dass wir sie nicht mehr in Frage stellen, unterscheiden sich Bedeutung und Verwendung vieler Begriffe öfter als man meint. Wer käme auch darauf, dass die alten Römern unter Hostie ein Opfertier verstanden und einen Taucher Urinator nannten? Eigentliche Wortbedeutung und heutige Verwendung unterscheiden sich oft gerade bei Wörtern, die uns am geläufigsten erscheinen.

Da Sprache zwangsläufig auch das wichtigste Werkzeug der Kommunikation unter Menschen wie auch zur *Manipulation* von Menschen und Meinungen dient, ist es sehr ratsam, Begriffe und Vorstellungen zu hinterfragen, aktiv in Frage zu stellen. Wann? Immer. Wenn das sachlich passiert, ohne entwertende Absicht (und beides bedarf einiger Übung) trägt es wesentlich dazu bei, sich selbst und seine Umgebung besser zu verstehen. Das ist der mindeste Anspruch den man sich stellen sollte. Ohne Sprache reicht unser Denken über das eines Fisches nur unwesentlich hinaus.

Verantwortung

In der *Haggada*, der jüdischen *Erzählung* des biblischen „Exodus", des von Moses geführten Zugs der Israelis aus dem pharaonischen Ägypten vor etwa 3400 Jahren, werden *vier Arten von Kindern* erwähnt. Sie stehen *musterhaft für die Menschheit* im Allgemeinen und dafür, wie sie sich verhalten: Es gibt den *Klugen*, den *Bösen*, den *Dummen* und den *Fraglosen*.

Als *klug* gilt jenes Kind, das *Fragen stellt*, um Details zu ermitteln, die wieder zu neuen Fragen führen, aus heutiger Sicht vielleicht wie ein (guter) Journalist oder Kriminalist, jedenfalls als jemand, der die Chance nutzt, von einem Wissenden etwas zu erfahren, anstatt sie damit zu vertun, nur selbst (vielleicht sogar noch eher Belangloses über sich) zu reden oder die eigene „Meinung" zum Besten zu geben.

Böse ist nun wer, anderen nicht wirklich zuhört und ihnen immer wieder ins Wort fällt, nicht selten mit spöttischen Bemerkungen, die das Gesagte schwächen und negieren sollen. Man kann ihm sagen, dass die Mutter an Krebs gestorben ist und er wird sagen, dass er erst kürzlich etwas Ähnliches in einem Film gesehen hat, weil das für ihn so in etwa denselben Stellenwert besitzt. In der heutigen Zeit deckt sich eine solche Haltung ungefähr mit dem was zwar all*gemein*, aber durchaus fälschlich als „Humor" verstanden wird. Aussagen aus dem Zusammenhang reißen, entwerten, einen kurzen dummen Witz drüber machen, hoffen, dass es dabei bleibt und zum nächsten *Spaß* übergehen, der dann genau so kurzlebig sein wird. Zynismus ist aber *kein* Humor, sondern Entwertung aus Bosheit. Er schafft kein Wissen, sondern Hass, auch wenn es nicht immer bewusst geschieht.

Der **Dumme** hingegen ist eine passivere Ausgabe des Bösen, also jemand, der meist nur kurz fragt, was dieses und jenes ist und dann mitmacht, jedoch im Grunde nur gleichgültig und achselzuckend, weil er die Dinge hinnimmt wie man sie ihm vermittelt. Er raucht mit den Rauchern, läuft mit den Läufern, betet mit den Frommen und stiehlt mit den Dieben. Dabei sein ist alles, Mode ist chic und beliebt sein ist so in etwa das wichtigste. Beliebt durch Beliebigkeit. Wird schon stimmen.

Bleibt noch jener Typus, der es *nicht versteht, Fragen zu stellen*, sondern alles *fraglos* hinnimmt. Man stelle sich eine Stubenfliege vor, die immer wieder an die Fensterscheibe knallt, weil sie nicht realisiert, dass sie nur ein einziges Mal am Rahmen vorbeimuss, um durchs offene Fenster ins Freie zu gelangen. Vom Dummen unterscheidet sich der Fraglose dadurch, von sich aus nichts zu tun, zumindest nichts Wesentliches. Wie der Protagonist in Kafkas Geschichte bleibt er an der Pforte sitzen, wartend, dass man ihn hineinbittet (was nie passieren wird), statt ganz einfach durchzugehen. Er kommt nicht auf die Idee, die Dinge *in Frage* zu stellen, wissen zu wollen, was es womit und damit eigentlich auf sich hat. Sein Fall ist deshalb noch viel hoffnungsloser als der des Dummen, da dieser doch wenigstens auf gut Glück „dumme" Fragen stellen und eine nützliche Antwort bekommen kann, oder der des Bösen, der sich der Mittel die er benutzt weitgehend bewusst ist, auch wenn er vor allem sich selbst nutzen will.

Im talmudischen Verständnis nun gilt Fraglosigkeit als *geringste* Stufe des Bewusstseins, noch unterhalb von Dummheit und Bosheit als eigentliches *Gegenstück* zur Klugheit.

So gelangen wir nun wieder zum Begriff der *Wortungen*, den Begriff, den wir dazu benutzen, *begriffliche Unterschiede* zur allgemein gängigen Bildung, zur scheinbaren Allgemeinbildung zu klären und zu erklären.

Unter den *Fraglosen* befinden sich viele Gebildete, die weniger noch als die sprichwörtlichen „Fach-Idioten",[1] vor allem sich selbst und ihrer Fach-disziplin meist völlig unkritisch gegenüberstehen. Zwar können sie durchaus in der Lage sein, andere verbal und vielleicht auch im Wortsinn zu sezieren, sind aber völlig unfähig zur Selbstkritik. Das kann damit zu tun haben, dass es manchen als eine Art ideal gilt, anderen zu „helfen", nicht aber sich selbst. Manchmal wäre zu-mindest die Umwelt besser dran, wenn der eine oder andere Experte seine Methoden erst mal (an sich) selbst testen würde. In der früheren Wissenschaft war der Selbstversuch eine gängige Praktik, in der heutigen Zeit, wo Wissenschaft meist von Akademikern dominiert (und domestiziert) wird, ist Erfahrung nicht selten aufs Zitieren begrenzt. Fraglosigkeit kann sehr rational sein, wenn man es schafft, eigene Wertvorstellungen und Handelsweisen *nicht* zu hinterfragen.

Im Talmud nun geht man davon aus, dass die meisten von uns jener der Gruppe angehören, die nicht zu fragen

---

[1] Eine verträglichere, weil psychologisch definierte Version davon wäre der „Inselbegabte", aber von ihm gibt es Varianten. Wird er bezahlt, ist es ein *Experte*, bleibt er ohne Entlohnung, ist er *de facto* ein Autist.

zu verstehen, weshalb das wesentliche Anliegen der Schulung nun eben auch gerade darin besteht, fragen und hinterfragen zu lehren, um eine Grundlage für Belehrung und Erziehung zu schaffen. Grundsätzlich können wir davon ausgehen, dass populäre Begriffe diejenigen sind, die am wenigsten hinterfragt und am wenigsten bekannt sind. Sobald man nach der Grundlage von Begriffen fragt, die in aller Munde stehen, stößt man meist überraschend schnell auf dünnen Boden und man erkennt, wie sehr wir alle mehr oder minder stark unter der Annahme, dass schon klar sei, was gemeint ist, oft nur nachplappern. Doch das scheinbar Selbstverständliche hat nur selten eine einfache, plausible Erklärung.

Natürlich wissen wir alle, was *Eifersucht* ist, und es fallen uns Beispiele aus dem Alltag, aus Literatur und Filmen ein, halten es für angebracht oder nicht. Aber: ist Eifersucht auch im Wortsinn tatsächlich das, was man „mit Eifer" sucht, wie einen verlorenen Hausschlüssel? Müsste man nun von einem Propaganda-Minister recht viel eigenen Nachwuchs erwarten (und sei dieser auch nur adoptiert), wenn man wüsste, dass das lateinische Wort *„propagere"* wörtlich so viel wie *fortpflanzen* heißt? Was versteht man von der modernen Gesellschaft und ihre vielen *Wehwehchen*, wenn man weiß, dass *Psyche* wörtlich *Wind* heißt, psychische Probleme damit *windige* wären?

Wortungen sprechen Klartext und schauen hinter die durch Bildung abgeschliffenen Aussagen der Wörter, die uns im Alltag begegnen und unser Denken, Handeln und Leben (fremd)bestimmen. Sie helfen zum Wortsinn zu gelangen und zu durchschauen, was sich in den Worthülsen befindet. Und das ist oft genug das Gegenteil dessen, was vorgegeben wird und manchmal auch gar nichts.

Häufige Abkürzungen:

ahd.	= althochdeutsch (9.-12. Jhd.)
arab.	= arabisch
dt.	= deutsch
engl.	= englisch
gr.	= griechisch
heb.	= hebräisch
ital.	= italienisch
Jhd.	= Jahrhundert
lat.	= latein/isch
mhd.	= Mittelhochdeutsch (etwa 12. – 15. Jhd.)
pers.	= persisch
vgl.	= vergleiche
→	= siehe Stichwort

Obwohl es technisch kein Problem ist, fremdsprachige Stich-
worte in eigenen Schriftzeichen darzustellen, also العربية, עברית,
ελληνικά oder на русском, trägt es zum allgemeineren
Verständnis wenig bei, weshalb sie hier dem Hörverständnis
nach wiedergegeben werden.

Wörterliste

Alkohol – stammt als *alcohol* aus dem Spanischen und gibt mit dem arabischen Artikel „al" *al kuchl* einen *Farbstoff* wieder. Hebräisch heißt *kochol* noch „blau," was sich im deutschen Sprachgebrauch von „blau sein" findet, typisch für die Folgen übermäßigen Alkoholkonsums. In anderen Sprachen weckt „blau sein" übrigens ganz andere Assoziationen: Englisch *„blue"* steht für *traurig*, hebräisch *„kachol"* für *geschminkt* und das russische *„galowoj"* als Synonym für *schwul* (homosexuell).

Akademie – ein nach dem gr. Helden *Akademos* benanntes Gymnasium → im Nordwesten von Athen in welchem Platon unterrichtete. Von da leitet sich im Mittelalter die Akademie ab.

Aktie – eine Aktiengesellschaft ist zwar kein Sportverein, inzwischen sind von diesen jedoch einige AGs geworden, offenbar weil es genug Leute gibt, die andere dafür bezahlen, sich nicht selbst sportlich betätigen zu müssen. Begrifflich steht das lat. *„actio"* jedoch für die eigene *Bewegung* und Handlung.

aktuell - ist „was Handel treibt" könnte man sagen, insofern Nachrichten (→), also Gegebenheiten, die in unseren Medien einen Nachrichten*wert* erhalten, durchaus (Handels-)Waren sind oder eine Verkaufsabsicht beinhalten.

Alternative – lat. „Abwechslung", die zweite Meinung, z.B. Tag und Nacht, Mann und Frau. Heute jedoch meist fälschlich im Sinne von „stattdessen" gebraucht, weil das Wettbewerbsdenken der Medien unbedingt einen „Sieger" küren muss, auch wenn es die Alternative im Wortsinn alternativ-*los* macht und erübrigt.

Amateur – stammt aus dem Französischen und meint einen Verehrer, einen Freund, einen Liebhaber (von lat. *amar*e = lieben). Zum eher abwertenden Begriff wurde das Wort im Umfeld der Kunst, wo man Kunstliebhaber zunächst positiv von echten, sprich *aktiven* Künstlern unterschied, die selbst malten oder Skulpturen machten. Heute begegnet uns das Wort aber vor allem durch den Sport (→). Dort nun ist ein Amateur jemand der zwar Sport betreibt, aber damit gar *kein Geld* verdient, oder wenigstens nicht hauptberuflich. Die passiven Bewunderer sportlicher Aktivität (bezahlter) *Anderer* nennt man hingegen (→) „Fan(s)" nach der englischen Abkürzung von „fanatic". Kommt es im Stadion oder im Umfeld davon zu gewalttätigen Ausschreitungen, kann man in den Medien (→) seitens diverser Experten (→) mitunter hören, dass Leute, die gewalttätig handelten, „keine echten Fans" wären, gerade so als ob sie *Fanatismus* mit Pazifismus (→) verwechselten. Dafür wird es aber sicher (lukrative?) Argumente geben.

Amok – Der Begriff soll aus der malaysischen Sprachen stammen und „*rasen*" bedeuten. Trotzdem aber ist ein *Amoklauf* nicht die bejubelte Spitzenleistung eines mutmaßlich nicht gedopten (→) Sprinters in neuer Weltrekordzeit. Stattdessen ist es ein Pseudobegriff für eine extreme Gewalttat mit meist zufälligen Opfern (→). In der Regel lenkt der Begriff vom eigentlichen Hintergrund der Tat ab, der meistens wohl vom Hass oder von der Verzweiflung des Täters herrührt. Mit dem Begriff Amok etikettiert wirkt die Tat aber als eine Art mystischer Besessenheit, so als ob ein böser Dämon (→) in den Bus einsteigt und einen Unfall verursacht. Dagegen kann man nichts machen, passiert eben mal.

Amazone – Man mag überrascht sein, wenn man bedenkt, dass das Wort durchaus das Zeug gehabt hätte, der passende Name für unsere heutigen Automobile zu werden, denn gr. *amaza* heißt *Wagen* oder *Karren* zum Transport. Vielleicht wurden diese öfter von Frauen gezogen, weshalb der Begriff dann auf Frauen überging, darüber könnte man spekulieren. Zum gleichnamigen amerikanischen Konzern aber passt der Begriff dann schon besser, zumindest weil der Versandhandel viel mit Transport und Logistik zu tun hat.

Ampel – kommt von lat. *ampulla* = Gefäß (vgl. Ampulle). Im Mittelalter Bezeichnung für das „Ewige Licht" in der Kirche (neuzeitlich auch in Reform-Synagogen). Inzwischen nennt man so Verkehrslichter, die in einem bestimmten Zeittakt, Verkehr und Gegen-verkehr regulieren helfen sollen, etwa im ursprünglichen Sinne einer Alternative (→). Dass der Begriff aus der Kirche auf die Straße übertragen wurde kann einem durchaus zu denken geben, da nun aus dem ewigen ein ewig wechselndes Licht geworden ist, solange die Ampel nicht ausfällt.

Amputation – das lat. Wort für abschneiden basiert auf der Wurzel *putare* = putzen und heißt wörtlich also „wegputzen". Das überrascht aber womöglich nur wenn man die römische Kultur (→) für zimperlich hält.

Anatolien – heißt wörtlich nur „Osten". Heute kennen wir es als Ostteil der Türkei, die in der griechisch-römischen Antike wiederum „Asia" heißt, von „Attika" abgeleitet, also urgriechisch ist. Wäre das Gebiet heute ein Teil Griechenlands, wollte auch kaum jemand daran zweifeln, dass es geographischer Teil von (→)Europa ist.

Angst – obwohl es die über das Englische sprichwörtlich bekannt gewordene „German Angst" gibt, stammt das Wort aus dem Griechischen. Dabei heißt gr. *anchone* erdrosseln oder erwürgen. Eine durchaus berechtigte Angst, eigentlich. Davon leitet sich übrigens auch die vergleichsweise harmlose *Angina* ab.

animalisch – heißt schlicht „atmend" (lat. *anima*), was also auch auf Pflanzen zutrifft, in gewisser Weise, alles Weitere ist, wie z. B. das engl. *animal* bereits Interpretation, wozu es dann auch die Animation gibt.

Antenne – im Mittelalter Begriff für die Segelstange bei Schiffen, im 19. Jhd. für die „Fühler" von Insekten, schließlich für die Empfangsteile eines Radios (→). Man kann nur raten, was man in hundert Jahren als Antenne bezeichnen wird.

Apokalypse – hat nichts mit einer Art von Katastrophe (→) zu tun, sondern heißt wörtlich nur auf/decken, enthüllen. Im Kontext mit dem christlichen Buch ist die Enthüllung des Buches (→ Bibel) mit den „sieben Siegeln" gemeint. Zugrunde liegt dem das antike Verfahren, Briefrollen zu versiegeln. Sozusagen als frühe Form des Briefgeheimnisses. (→ Detektiv)

Architekt – setzt sich zusammen aus *archis* – oberster und *technos* Arbeiter, weshalb der Architekt ursprünglich eine Art Vorarbeiter oder „Capo" war.

Archiv – antike Griechen verstanden unter einem *archeon* das Stadthaus, oder wie wir heute sagen würden Rathaus. Die Basis dafür ist *arche*, im Wortsinn etwa

„Gipfel", weshalb sich auch Begriffe für Herrschaft oder Regierung davon ableiten (vgl. Mon*archie*, etc.) aber auch das Archiv als oberste Verwaltungsstelle, in der die grundlegenden Schriften aufbewahrt wurden. Schließlich stammt daher auch noch die „Arche" des Noah aus der Bibel, die hebr. schlicht *„tewa"*, also „Kiste" heißt.

Arena – im alten Rom verstand man darunter schlicht einen Sandplatz. Professionelle Gärtner und versierte *„green keeper"* haben die kleinen Wüsten zum Blühen gebracht, weshalb heute auch begrünte Fußball-Stadien den an für sich irreführenden Namen tragen.

Argument – heißt wörtlich „Beleuchtung" und stammt vom lat. *aguere* = beleuchten, erhellen. Wer das weiß zündet beim Streit eine Kerze an oder nimmt zum Beweis der Richtigkeit der eigenen Aussage Streichhölzer mit (→ Manipulation).

Arroganz – bedeutet eigentlich beanspruchen, erbitten (von lat. *rogare* = fragen, bitten). Die negative Bedeutung stammt aus der Annahme, dass es zumal niederen Menschen nicht zustünde, höherstehende Personen (→) um etwas zu bitten, womöglich gar um Geld oder Antworten auf peinliche Fragen. Und genau darin liegt dann auch die Frechheit, nämlich etwas zu beanspruchen, was einem nicht zusteht. Insofern handelt es sich um Angebot und Nachfrage sozusagen, da nur der jemanden Arroganz vorwerfen kann, der selbst so ist. Wer es nicht ist, der begegnet einfach einer Frage und beantwortet sie so oder vielleicht auch so.

Artikel – von griech. *artus* und lat. *artus*, heißt wörtlich einengen, begrenzen, aber auch verbinden, also etwas was sowohl einengt, als auch verbindet. Als Verbindungsstück ist der grammatikalische Artikel gemeint, der in den meisten Sprachen „männlich" und „weiblich", in manchen auch noch „sächlich" sein kann, während im Handel erhältliche oder journalistische Artikel auch noch haupt- und nebensächlich sein können. Was wir kaufen oder lesen verbindet uns mit der Umwelt.

Athlet - trotz des Olympia (→)-Mythos (→) in der Antike (und nicht nur da) ein militärischer Begriff, der sich vom gr. *athletos* = Soldat ableitet. Die Überleitung ist wohl dem militärischen Drill geschuldet und bis heute sind Sportler häufig im Umfeld von Militärs angesiedelt, weil die wohl eher weniger kritische (→) Öffentlichkeit geneigt ist zu glauben, dass Militärs Amateure (→) sind.

Atmosphäre –ist zusammengesetzt aus gr. *atmos* = Luft und gr. *sphairos* = Kugel oder Ball und wäre damit eigentlich ein hübsches Wort für *Luftballon* gewesen. Aber auch so hat die Atmosphäre es geschafft, Anhänger (→ Fans) zu finden.

Attentat – kommt über frz. aus lat. *attendare* und bedeutet schlicht „berühren". Wie bei Arroganz (→) hat es auch hier mit der Ungehörigkeit zu tun. Wenn ein gewöhnlicher Mann sich erdreistete, einen König oder Bischof zu berühren, sprach man von einem *Attentat*, bis offenbar spitzfindige Kerle herausfanden, dass ein solches mit Messern oder Schusswaffen in der Hand noch weit nachhaltiger waren.

Auktion – stammt vom lat. *augere* und heißt „vermehren". Gemeint ist natürlich nicht die Anzahl der zu versteigernden Gegenstände, denn die soll sich ja eher reduzieren, sondern die Gewinne des Verkäufers und des Auktionators.

authentisch – die aktuelle (→) Beliebtheit des Wortes sollte einen stutzig machen, wenn man bedenkt, dass der gr. Begriff *authentes* wörtlich „selbst getötet" heißt. Mit dem Ausdruck wollte man eine selbst vollbrachte Mord-tat, von der üblicherweise nur befohlenen abgrenzen, etwas was wir im Deutschen schemenhaft noch als „eigen-händig" kennen. Man nahm an, dass damit eine stärke emotionale Beteiligung, wenn nicht auch gleich physische Anstrengung damit einherging und dass eine solche Tat demnach auch mildernde Umstände verdiente. Auch im heutigen Sprachgebrauch gilt Authentizität als *positives* Qualitätsmerkmal, spätestens seit der *do-it-your-self*-Bewegung. Das selbstgejagte Schnitzel oder als vegane Alternative (→) das Obst aus dem eigenen Garten.

Autogramm – wörtlich „selbstgeschrieben", reicht Sammlern aber in der Regel nicht, weshalb sie originale Schriftproben und Namenszüge von Berühmtheiten be-vorzugen. In strittigen Fällen müssen Experten (→) je-doch die Authentizität (→) des Schriftstücks bestätigen.

B**asis** – von gr. *basis* = Fußgestell, Sockel, Schemel. Will man etwas auf eine Basis stellen, klingt das zwar vordergründig erdverbunden (→ human), dient letztlich dann aber doch eher der (eigenen?) Erhöhung.

Baptist – von gr. *baptos* = Taucher von *baptei'n* = tauchen, wörtlich ein Taucher, also jemand der sich unter die Wasser-Oberfläche begibt. Das passt zur Vorlage der jüdischen *Mikwe*, dem Tauchbad.

Bolschewik – von rus. *balschewik*, etwa „Mehrheitler" von *balschinstwo* = Mehrheit zu *balschej* = größer und *balschoi* = groß. Von letzterem stammt auch das *große*, das Bolschoi-Ballett. Mit der Mehrheit zu sein, so lernen wir überall, sei der Inbegriff der Demokratie (→), doch legt uns das Beispiel des Bolschewismus unmissverständlich nahe, dass *kein* Einzelner sicher sein kann, wenn er einer Mehrheit gegenübersteht oder gestellt wird. Das Wesen einer Gesellschaft erweist sich dann auch eher im Benehmen gegenüber Minderheiten, auf rus. „*menschiwiki*"... erinnert auch ein wenig an das deutsche Wort Mensch.

Braut – das Wort kommt von *brauen*, weshalb eine Braut im Wortsinn also die Köchin ist, die durch die Ehe an das Haus (des Mannes) gebunden wurde, vertraglich, wobei sie in der Regel trotzdem die Braut (Köchin) blieb. Der Bräutigam kommt von den Brautgaben, er ist, der die Brautgabe gibt, soz. der Frau was zum Kochen, mit der Endung – *gam* etwas veredelt, denn ahd. gam heißt so viel wie Jäger oder Krieger, im übertragenen Sinn „Mann", vgl. engl. *game* (zunächst Beute, dann über für die Tiere aussichtslose Treibjagd hinüber zum „Spiel"). Der Bräutigam ist demnach der Mann der sich eine Köchin „erlegt" hat. In der Theorie zumindest. Immerhin gibt es aber den scherzhaften Begriff des *Schürzenjägers*. Die häufiger zu lesende Deutung der *gam*-Endung von Bräutigam von gr. *gamos* = „Hochzeit" dürfte hingegen nur zufällig sein. Warum sollte man nicht gleich gr. *gametes* = Bräutigam eindeutschen, sondern gegen jede sonstige Logik stattdessen, den Anfang des griechischen Wortes der deutschen Braut anhängen? → Despot.

Bibel – wird allgemein zwar als „das Buch" übersetzt und besonders für das „Buch der Bücher" benutzt, doch das gr. Wort *biblios* heißt nur Brief, d.h. Papyrus(staude), die

Pflanze, auf deren bearbeiteten Blättern geschrieben wurde. Gebundene Bücher im heutigen Sinne gab es erst im Frühmittelalter, also etwa ab dem 8./9. Jahrhundert, nicht vorher.

Brille – wird abgeleitet von griech. *beryll*, einem meist, weißlich, grünlich, hellgelb und blauen Mineral, aus dem man zuerst entsprechend schimmernde Fensterscheiben machte. Dadurch wurde der Begriff zum Synonym für das „Guckloch", von dem es dann auf die Brille überging. Aus Beryll selbst wurden keine Brillen gefertigt, da sie nicht durchsichtig während, sondern matt. Allenfalls die rosa Brille ginge in die Richtung. Das wäre Morganit, wie man rosa Berylle nennt.

Buch – ahd. *buoh* (buch) von *Buche* (Baum), zum Verb „bag" *aus/teilen*, siehe auch rus. *bog* (*бог*) „Gott", und *Stab* (Stock, Stecken). Es wird vermutet, dass auf Deutsch Buch/Staben nun deshalb so heißen, weil Zeichen auf Stäben aus Buchenholz markiert wurden. Ob das stimmt? Bei den viel späteren Schreibmaschinen hätten wir die Idee so halbwegs realistisch umgesetzt: Schriftzeichen auf Stäben. Deren erster Erfinder war mit *Henry Mill* 1714 allerdings dann ein Brite. Er wurde 88 Jahre alt und starb unverheiratet.

Buchen, Buchung – etwas eintragen, registrieren in ein Buch (ursprünglich).

Budget – heutzutage als frz. „*büd'sche*" oder engl. „*bad'schät*" geläufig, basiert der Begriff auf dem älteren frz. Wort *bouge*, was Sack oder Beutel heißt und auf lat. *bulga* (Sack) basiert, dt. noch in Blase*balg* erhalten.

Bungalow – soll vom bengalischen Eigennamen herkommen als Bezeichnung für typische eingeschossige

Häuser. Müsste aus grauer Vorzeit stammen, da man sich kaum vorstellen kann, dass man heutzutage Luxusbauten nach bengalischen Vorbildern errichten wollte.

Bunker – war früher im engl. eine schlichte Holzkiste. Da solche wohl öfter im Keller standen, wurde dieser zum *bunker room*, schließlich zum Schutzbunker, der dann freilich eher nicht mehr aus Holz war, wenigstens dann, wenn der Bunker bombensicher sein sollte.

Büro – das frz. Wort *bureau* hat eine interessante Geschichte hinter sich, bezeichnete es zunächst nur ein *Tuch,* dann eine *Decke, Tischdecke,* dann den *Tisch,* auf dem man es legte, schließlich den *Raum* in dem dieser stand. Man muss sich also nicht wundern, dass eine solche Gedankenkette schließlich zur weltweit geliebten Bürokratie führen musste.

Chance – ist wörtlich der „Fall" (von lat. *cadere* = fallen), genau genommen der des Würfels, somit ein Wurf. Wer stets seine Chancen haben will, sollte immer einen Würfel bei sich haben. Viele Entscheidungen lassen sich ebenso gut auch auswürfeln.

Chaos – heißt „Leere" (gr. *chasma* = Öffnung, Lücke). Antike Autoren wie Hesiod sprachen von der *Leere des Weltraums,* im Mittelalter wandelte sich der Begriff dann zum Ausdruck für „Durcheinander". So können sich Einschätzungen ändern und aus *nichts* kann mal *eben zu viel* werden. Heutige Gemüter hingegen entdecken das Chaos bereits wieder in Kinderzimmern.

Charakter – „Auf den Charakter kommt es an", hört man oft, jedoch sind damit meist nicht Tätowierungen gemeint, obwohl gr. *charese'in* nichts anderes als kratzen oder ritzen heißt, wovon sich auch der international gebräuchliche Begriff von „*charakter*" für Buchstaben herleitet.

Chauffeur – wörtlich ein „Heizer", abgeleitet von frz. *chaufer* – warm machen, heizen. Ursprünglich war damit der Heizer der Dampflokomotive gemeint, dann ging es zum Automobil über.

Chirurg – buchstäblich „Handwerker", von gr. *che'ir* = Hand und *ergon* = Werk. Nicht mehr, nicht weniger.

Chor – ursprünglich Bezeichnung für den Gemein-schafts*tanz*, dann aus welchen Gründen auch immer für den *Gesang* in der Gruppe (→ Orchester).

Cockpit – wo heute Piloten (→) sitzen, war ursprünglich im engl. als ein Stall (*pit*) für den Hahn (*cock*) geläufig. Offenbar war irgendwann mal ein Vogel mit dem Käfig weggeflogen oder die frühen Pilotenkanzeln erinnerten schlicht an die Enge von Käfigen.

Cocktail – engl. *cock* = Hahn, *tail* = Schwanz wörtlich der Schwanz eines Hahns. Vertrauen wir besser auf eine appetitliche Ableitung.

crazy – weltweit geläufig für „verrückt", nicht nur im abwertenden Sinn, sondern umgangssprachlich auch für „toll" stammt das Wort über das selten gewordene *craze* von *crack,* also brechen, knacken, bedeutet ursprünglich auch (laut) „krachen". Crazy hieß demnach krachend, kaputtgehend und dergleichen. Wenig einfühlend bildete sich die Bedeutung „verrückt" für zerbrochene, also kranke Personen und Zustände. Siehe: Droge „crack".

Dämon – gr. *daimon* von *daiesthai* was schneiden, aufschneiden (im Sinne von öffnen) heißt, weshalb ein Dämon demnach ein „Öffner" wäre. Christen haben im Mittelalter den früher neutralen antiken Begriff zum Inbegriff „des Bösen" stilisiert. Die genaue Begründung dafür ist offenbar vergessen worden.

Dank – wird gewöhnlich von „denken" abgeleitet, stammt aber wohl von der indisch-pers. Münze *danka* (10. Jhd.) einer kleinen Münze, mit der wohl geringe Dienste entlohnt wurden, etwa im Wert des Pfennig. Wohl erst durch die zumindest sprachliche Wendung „tausend Dank" in die Region des Talents → erhoben. Wer keine Talente besitzt, kann sich als Knecht dann wenigstens nach Dank erwerben. → Sold/at.

Defekt – kommt vom lat. *defectus*, was „untreu", „abtrünnig" heißt. Wer also seinem Herrn den Dienst oder die Gefolgschaft quittiert funktioniert nicht mehr, ist defekt. Helfen kann also allenfalls eine Reparatur oder Austausch.

Definition – von lat. *de/finire* = ab/grenzen, be/enden. Etwas definieren, heißt im Wortsinn Grenzen aufzeigen. So ist es gemeint und nicht anders. Die hebr. Entsprechung zu dieser Art Ab/Grenzung wäre *parusch*, wovon sich das auch das als Kaffeespezialität gebräuchliche „Pharisäer" ableitet.

Delphin – bei den alten Griechen war *delphis* der Begriff für die (anatomische) Gebärmutter. Wie der Name zum Tier kam ist unklar, man vermutet, humanistische (→) Gelehrte vertraten die Ansicht, Delphine ähnelten der

Form nach einer Gebärmutter. Eine Frage für Experten (→).

Demagoge –aus *demos* = Dorf, den Bewohnern und *agogos* = Leiter, Oberster kombiniert, ein Demagoge ist also eine Art Ortsvorsteher, Gemeinderat, Bürgermeister. Dass daraus ein negativer Begriff wurde, hat wohl mit anderen Interessen zu tun, die höher anzusiedeln waren, vielleicht von außerhalb.

Demokratie – gr. *demos* = Dorf und *krate'in* = Bestimmung, Nutzen, also in etwa „Heimvorteil". Sollte man nicht aus der Hand geben und bedenken, dass man Politik am ehesten vor Ort bestimmen kann (und sollte).

Demonstration – basiert auf lat. *monstrare* = vorweisen, zeigen. Ein Demonstrant zeigt also vor, was er hat, heute meist wogegen er etwas hat. (→ Manipulation, → Monster).

Deputation – lat. *de/putare* = ab/schneiden von lat. *putare* = schneiden. (vgl. Amputation). Ein Deputierter ist somit ein „Abschnitt", so wie Com/puter wörtlich ein „Mit/Schnitt" ist. Das jeweils Abgeschnittene führte wohl zur umständlichen Rechnung der Römer, für die deren Ziffern wenig geeignet waren. Subtrahieren Sie mal XVII von LXI und teilen dann den Rest durch VIII – und zwar *schriftlich*! Siehe auch die konfusen Namen des römisch-christlichen Kalenders: → Dezember).

Despot – gr. *despotes* = Ehemann, Hausherr. Wer sich wundert, einen Despoten geheiratet zu haben, hätte sich besser früher für Wortungen interessiert.

Detail – frz. *de/tailler*, ab/schneiden, -trennen (vgl. tailor = Schneider. Das (fehlende?) Detail ist das Abgeschnittene.

Dezember – im christlichen Kalender ist der Dezember der zwölfte und letzte Monat im Jahr, wörtlich heißt er aber „Zehnter" (gr. *deka* = zehn). Warum? Nun schon der elfte Monat heißt „Neunter" (November), während der eigentliche zehnte Monat und „Achter" (Oktober, von *okto* = acht) genannt wird. Irgendwas ist da wohl danebengegangen, fällt aber kaum jemanden auf, erstaunlicher Weise. Vielleicht weil man Ungereimtheiten der *eigenen* Kultur, nicht so krumm nimmt wie die anderer?

Detektiv – kommt vom engl. *detect* = entdecken, das von lat. *degetere* = aufdecken, enthüllen, was damit gr. *apokalypsis* (→) entspricht. Und ja, man könnte das schon als Anregung verstehen.

Diabetes – ist der griechische Name für eine Waage mit zwei Waagschalen. Im Wortsinn heißt sie *dia* und *betes* *durch/über* und *gehen*, da mal die eine und mal die andere Seite schwerer wog. Der deutsche Name setzt das Gleichgewicht voraus: *es hält sich die Waage*. Es ist durchaus eigentümlich, dass schon in der Wortbedeutung Diabetes mit Gewicht in Verbindung gebracht wird. Der Zusatz *melitus* gr. *melitos* heißt übrigens Honig. Demnach wäre hier von der *Honigwaage* (nicht *Wabe*) die Rede.

diabolisch – wörtlich „weggeworfen" von gr. *dia* = weg und *bole'in* = werfen. So könnte man eigentlich Müll nennen, aber Christen machten daraus über die Frühform „*daibel*" ihrem „Teufel". In gewisser Weise passt dazu auch wieder die moderne Vokabel des „Umweltsünders".

Diät – gr. *dia'ita* –Aufenthalt, Unterhalt, Lebensweise, zu *dia'itetes* = Schiedsrichter. Die antike Diät war für die Verpflegung des Schiedsrichters gedacht. Diät halten im Sinne von sich in Punkto Ernährung einschränken, verzichten, ist wohl parallel dazu popularisiert worden, um zu suggerieren, dass Politikergehälter im Grunde selbstgenügsam seien. Etwas was der Realität eher nicht entspricht, rechnet man zum Lohn diverse geldwerte Vorteile (wie Unterkunft, Essen, Reisen, etc.) hinzu.

Dienstag = ahd. *ting, thing* = Gericht, Ratsversammlung, vgl. isl. „Althing" (=Parlament); vgl. hebr. *din* = Gericht. Damit zusammen hängen Dienst; Diener, eigentlich Gerichts/diener, Hofbeamter. Vgl. auch hebr. דין (din = Gesetz, Gericht).

Diktator – von lat. *dicere* = reden, vortragen, kennt man noch vom Diktat aus der Schule → Monarch

Dilettant – it. *dilettare* = Kunstliebhaber, zu lat. *dolectare* = locken, ergötzen. Ein Dilettant ist also ein Angelockter, der selbst nichts kann, sondern ein Gaffer ist. Kunst betrachten selbst ist *keine* echte Kunst. So wie Sport schauen kein Sport ist. → Amateur, → Identität.

Dinosaurier – wurde abgeleitet von gr. *dainos* = schrecklich und *sauros* = Echse, was etwas genauer genommen die Spitze einer Lanze meint, da Echsen wohl „ähnlich" aussehen sollten.

Diplom – von lat. *diploma* = gefaltet und damit „gedoppelt", von gr. *deploos* = doppelt. Wenn Sie also mal doppeltes Gehalt für die selbe Arbeit fordern wollen, besorgen Sie sich ein Diplom (d.h. eine Ver/Dopplung). Wer das tut ist im Wortsinn ein Diplomat, während die profane Ausgabe des Verdoppelns inzwischen Duplikat genannt wird.

Diskette – der Name des inzwischen längst schon überflüssig gewordenen Datenträgers basiert auf *discos* – Platte, vgl. engl. *desk* = Tisch. Die Discothek ist im Wortsinn ein Plattentisch, bzw. eine Tischplatte (siehe: Bank).

Dogma – kommt von gr. *dogma/doxa* und heißt schlicht Meinung, hat sich also nicht wesentlich verändert, außer dass es offenbar Leute gab und gibt, die ihre Meinung für die einzig richtige halten, wodurch der zunächst wertfreie griechische Begriff etwas in Misskredit geraten ist.

Doktor – stammt ebenfalls vom gr. *dogma/doxa* und heißt also „Meinung". Im lat. wurde daraus soz. eine Lehrmeinung und davon leitet sich dann der Doktor ab, ebenso wie die Doktrin. Im Mittelalter ging man dazu über, Ärzte als Medizin-Lehrer zu bezeichnen, um den deutschen Begriff des Arztes abzuwerten, womit Ärzte die keine christlichen Universitäten besuchten, wie z. B. Juden entwertet werden sollten. Das hat sich freilich längst wieder relativiert, weshalb der „Herr Doktor" im Wiener Jargon fast zur altgriechischen Allerweltsbedeutung zurückgekehrt ist und sich an jeden richtet, der durch irgendeine Meinung im Gedächtnis geblieben ist, leicht ironisch versteht sich.

Dorf – war ahd. zunächst das Feld (*darp*), dann der bebaute Acker, dann der Grabhügel und schließlich der (Bauern)Hof und was sich drum herum ansiedelte.

Dosis – bekannt durch „*dosis facit venenum*", das oft zitierte, dem Paracelus zugesprochene Zitat „*die Dosis macht das Gift*", was aber eine etwas andere Note erhält, wenn man bedenkt, dass gr. *dosis* wörtlich „Geschenk"

bedeutet. Da könnte man bei Werbegeschenken und Kostproben von Politikern, Industrie und wer einem sonst
etwas mit auf dem Weg geben will, eventuell skeptischer
werden. Man denke auch an den Blumenstrauß zum
Firmenabschied und dergleichen. (→ Manipulation)

Elefant – antike Griechen kannten unter diesem
Namen das Tier, dass wir nun Kamel nennen: *elephas* –
das Kamel. Das war auch im Mittelalter noch nicht
anders, was man am althochdeutschen Wort für Kamel
merkt, das daran anlehnend noch „*alband*" hieß. Erst
unter dem Einfluss der Humanisten kam die heutige
Deutung zustande (siehe → Delphin). Bis heute beruht
darauf übrigens auch das geläufige aber durchaus eigen-
artige Missverständnis, der Katharger Hannibal habe „die
Alpen" mit „Elefanten" überquert. Es hatte sich schlicht
die Wortbedeutung geändert.

Elektron – das gr. Wort *elektron* bezeichnet Bernstein,
was sich von (h)*elios* = Sonne ableitet. Vom anfänglichen
Missverständnis ist man heute nun aber tatsächlich bei
Sonnenenergie gelandet, was gewiss eine interessante
Wendung ist.

Ellipse – gr. *elipsos* heißt Mangel, Fehler. Kepler
benannte so die von ihm beobachteten „fehlerhaften"
Kreise. In der Linguistik gibt es den Begriff noch zur
Bezeichnung einer Auslassung, insofern sie ein absicht-
liches und erkennbares Stilmittel ist.

Embargo – von span. *embargar* = einsperren, ver-
haften, bedeutet heute eher das Gegenteil, nämlich das
Aussperren, in der Regel von Waren, denen der Zutritt
zum Markt verwehrt wird.

Embryo – hatte bei den alten Griechen noch eine pflanzliche Bedeutung und bezeichnete eine Knospe oder Blüte. Gibt's im Frühjahr in jedem Garten.

Engagement – frz. *angasch'mo,* engl. *ängedsch'ment* ist ein Schlüsselbegriff der modernen Gesellschaft geworden. Ein Umstand, der immer zur Vorsicht mahnen sollte. Die eigentliche Bedeutung des Begriffs ist dann auch ganz anders, als man sie sich vorstellt, liegt doch frz. *engager* zugrunde, was wörtlich „verpfänden" heißt und sich von frz. *gage* = Pfand ableitet. Sich engagieren heißt im Wortsinn sich zu *verpfänden.* Man gesteht eine Schuld ein, wo vielleicht gar keine ist und macht sich abhängig wovon man gar nicht abhängig sein müsste, außer man wird (beruflich) engagiert, sprich abhängig beschäftigt, bzw. verpfändet. Keine Gage oder kein Engagement zu haben hingegen heißt ohne (abhängige) Beschäftigung zu sein. Im Mittelalter der Idealzustand (weil abhängig zu sein eher rechtlose Leibeigenheit bedeutete), während man heute gerne abhängig beschäftigt ist, offenbar. Die Zeiten ändern sich.

Epilepsie – gr. *epilepsos* – Festnahme, Verhaftung. Da man sich epileptische Anfälle im Zeitalter des Humanismus als eine Art Besessenheit (von Geistern) vorstellte, kam es zu diesem Namen, der sich von seiner ursprünglichen Bedeutung aber treffender auf eine Verhaftung durch die Polizei (→) oder auf eine Daten-Erfassung anwenden ließe.

Ethik – stammt von gr. *etos* = Gewohnheit, Anpassung. Ethisches Verhalten ist demnach *angepasstes* Verhalten. Wer solches fordert, fordert Anpassung, an das woran er sich selbst gewohnt hat.

Ethnie – vor Jahren als Ersatzbegriff für Völker, Nationen oder Minderheit recht populär, insbesondere in Bezug auf die Kriege im Balkan. Stammt von gr. *etnos* = Schaar, Haufen, eigentlich zur Bezeichnung von einer *Herde* Schafe.

Etymologie – gr. *etymos* = eigentlich, wirklich, echt, wahr und *logos* = Rede, Geschichte, Ordnung, von *loge'in* – berichten, etc. Die „wahre Geschichte", eigentliche Bedeutung.

Eukalyptus – wörtlich „gut versteckt" (gr. *eu-* gut, *kalyptos* versteckt). → Sekretär

Europa – gr. *eu* = gut und *rope* = Klippe. Bei den alten Griechen hieß die entsprechende Meerenge „Bosporus" (gr. Rinderfurt). Eine andere Ableitung wurde vom hebräischen Wort *erew* (ereb) getroffen, was „abend" bedeutet und gut zur westlichen Selbsteinschätzung „Abend"-Land passt.

Evolution – heißt im Wortsinn „Auswickeln", nämlich einer Schriftrolle (→ Apokalypse). Im Dreißigjährigen-Krieg wurde „Evolution" als Fachbegriff für das Auseinanderziehen von militärischen Formationen benutzt, offenbar erfolgreich, denn von da aus gelangte der Begriff in andere Bereiche, um 1850 landete er dann bei Darwin, womit sich die Bedeutung des Wortes entsprechend von Auseinanderrollen oder Auspacken veränderte zu verschiedenen Arten von Mutationen im Sinne einer mutmaßlich höherwertigen Wesensveränderung.

Exorzist – gr. *exorkismos* = ent/schwören, zu *orkos* = Eid, Schwur. Exorzieren ist im Wortsinn, einen Schwur aufheben, jemanden von seinem Schwur befreien oder entbinden.

exotisch – gr. *exotikos* = auswärtig, außenstehend, von draußen kommend. Bezeichnete früher alles außerhalb der eigenen Stadt, im lat. „Ausländisches", während der heutige Sprachgebrauch an entfernte Kontinente oder Palmeninseln im → Pazifik denken lässt.

Experte – man könnte meinen, ein Experte sei jemand der eine These (→) erprobt hat oder Tests (→) machte, da heutzutage aber Wissenschaft und Lehre oft verwechselt werden, sind Experten häufig nur Leute die auf Arbeiten anderer verweisen, also Leute, die sich auf Erkenntnisse anderer berufen (etwa Verhältnis Pharmazeut - Apotheker). Die Grundbedeutung wäre aber jemand der etwas versucht, ausprobiert.

Explosion – lat. *ex/plautere* heißt wörtlich abklatschen. Der Begriff stammt offenbar aus einer Zeit, als das Klatschen mit Händen (vgl. Applaus) noch als Vergleich ausreichte.

Fabrik – stammt vom lat. *faber*, und meint einen Künstler. In der Antike war damit jemand gemeint, der Skulpturen oder Inschriften machte, im engeren Sinne also das was wir heute Steinmetz nennen. Die Fabrik ist demnach die Werkstatt eines Steinmetz. Interessant ist, dass die Entsprechungen in engl. und frz. dazu, nämlich *workshop* und *boutique* zumindest im deutschen Sprachgebrauch, ganz spezifische Vorstellungen haben, trotzdem aber wie Fabrik im Grunde nur Werkstatt heißen. Die Industrie, anfangs durchaus in palastähnlichen Gebäuden untergebracht, wollte sich mit dem Begriff der Fabrik ein positives Image geben. Künstler gaben den Begriff im Gegenzug auf.

Fabel – lat. *fabula* = Geschwätz, leeres Gerede. Mit der Kunst des Fabulierens ist es im Grunde also nicht weit her, insofern man den Inhalt hinterfragt.

Fagott – der Name des Musikinstruments, so wird behauptet, leitete sich vom ital. *fagatto* ab, was Reisig-bündel und im brennenden Zustand „Fackel" bedeutet. Wie es nun aber vom Anzünden eines Bündels (→ Faschismus) zum Instrument gekommen sein soll, ist unklar geblieben.

Fake – allseits zumindest in der Kombination als „Fake-News" bekannt und inzwischen häufig auch als Präfix „Fake-..." benutzt, meist im Sinne des früher geläufigeren „Pseudo-„ (griech. = falsch, → Pseudonym). Die Herkunft des Begriffs ist etwas unklar. Populär (heißt heutzutage: im Internet oft zitiert) ist die trotzdem dann doch wenig überzeugende Ableitung vom deutschen Wort „fegen", die zur Deutung des Begriffs freilich nichts beiträgt. Dabei ist es naheliegend, fake vom lateinischen *facere* abzuleiten, was ja nun nicht anderes als „gemacht". Problematisch ist dabei nun aber eben, dass man aus derselbiger Quelle ja auch das angebliche Gegenstück, den → Fakt hernimmt. Wenn dann nun aber Tatsache und Fälschung aus der (sprachlich) selben (sprachlichen) Quelle stammten, was sollte uns das sagen?

Fakt – entstammt dem lat. *facere* = machen. Daraus folgt: Fakten sind (fast) immer selbstgemacht. Sollte man sich langsam durchdenken, merken und natürlich auch so *machen*, womöglich als → *alternative* Fakten oder zweite Meinung.

Familie – lat. *famila* = der Hausstand, das Gesinde. Aus der Perspektive des altrömischen Hausbesitzers ist seine *familia* sein *Besitz* und dazu gehörte *alles*, was auf seinem Grundstück ist: das Haus, die Einrichtung, die Dienerschaft, auch Frau und Kinder. Von diesem Begriff die heutige „Familie" abzuleiten, war nicht die beste Idee, zeigt aber den schwierigen Prozess, den es etwa brauchte, Gewalt in der Kindererziehung oder Vergewaltigung in der Ehe gesetzlich zu verbieten.

Fan – kommt übers Engl. vom lat. *fanaticus*, was im Wortsinn „von einem Geist besessen" heißt. einem Gott geweiht. „Fans" wären demnach Wahnsinnige und bedürften eher eines Exorzisten (→). Siehe auch → Amateur, → Amok.

Farce – zugrunde liegt wahrscheinlich gr. *pharsos* was Abschnitt, Abteilung, Stück, Rest, bedeutet und auf *pharso* beruht, welches pflügen, etc. heißt. Sinnbildlich wird hier also mittels Furchen eine Abgrenzung geschaffen. Wie daraus nun der moderne Begriff der Farce entstehen konnte? Schwer zu sagen. Vielleicht weil es sich auf eine Art „Salami-Taktik" bezieht, nach der man etwas Verlangtes nur häppchenweise bekommt. Eine Erfahrung die viele schon im Umgang mit Behörden und Instanzen gemacht haben. Im Gegensatz dazu wird der Begriff meist aber von lat. *facire* hergeholt, was stopfen heißt und wonach die Farce ursprünglich eine „Hackfleisch-Füllung" gewesen sein soll. Nun, in gewisser Weise impliziert ja auch Hackfleisch eine Art von Abteilung.

Faschismus – eine der wesentlicheren politischen Begriffe des zwanzigsten Jahrhunderts, der in den letzten Jahren zum bloßen Schimpfwort verkommen ist, hat eine recht simple und harmlose Bedeutung: Bund, abgeleitet von lat. *fascio* = Bund, Bündel. Gibt es überall: Bündnispartner, die Bundesbank, die Bundesrepublik (→ Republik), einen Bund Petersilie, Bündnis `90, den Hausfrauenbund, den Bund der Steuerzahler, und vieles andere mehr. Übrigens hatte man auch in Sowjet-Russland keine Probleme den selben Begriff Bund, Bündel rus. *sajus* zum nationalen Symbol zu erheben, im Westen durch die „Sojus"-Raketen bekannt. Die historischen Faschisten nahmen das Getreidebündel zum Wahrzeichnen, womit sie die Absicht versinnbildlichten, unterschiedliche Interessen zu vereinigen, eben zu „bündeln". Etwas was Politiker auch heute noch gerne versprechen, zwar stets unter anderen Vorzeichen, aber nie mit leeren Händen. (→ Manipulation)

Fassade – findet sich häufig mit dem wertmindernden Zusatz „nur", was durchaus zu denken geben sollte, wenn man weiß, dass Fassade von lat. *fascies* = herkommt und „Gesicht" heißt. Im übertragenen Sinne ist es nur die Vorderseite, die keinen Einblick ins „Innere" gewährt. Siehe hierzu aber auch → Person.

Fastnacht – ist kein anderes Wort für Spätnachmittag, sondern ein ungeklärtes Wort aus dem Karneval (→), das in der Regel mit Fasten in Verbindung gebracht wird, obwohl das Karnevalstreiben damit eher wenig zu tun hat. Muss aber nichts heißen, da die Mehrheit der Christen, die sich an Weihnachtsmärkten Bratwürste, Süßigkeiten und Glühwein gönnen, wohl auch längst verdrängt hat, dass die Adventszeit dereinst mal als *Fastenzeit* konzipiert worden war. Wenn man also gewohnt ist, das Gegenteil von dem zu tun, was man sagt, ist es letztlich fast schon wieder egal, wie man es nennt.

Faszination – über gr. *baskaine'in* von lat. *fascinare* = bezaubern, verhexen, „hypnotisieren", dazu *fascinum* = der Zauberstab. Die heutige Bedeutung des Begriffs im Sinne von etwas ist fesselnd, interessant, „faszinierend" entstand erst im 19. Jahrhundert.

Favorit – ein Begriff, der heute überall im Zusammenhang mit Wettbewerben begegnet, die angeblich fair sein sollen, insbesondere im Bereich von Sport oder Politik, aber auch bei sog. Ideen- oder Gesangswettbewerben, etc. Da Favorit aber auf lat. *favore* beruht, was begünstigen, bevorzugen heißt, ist von der Wortbedeutung deutlich mehr Skepsis (→) angebracht, wenn irgendwo davon die Rede ist, dieser oder jener sei „Favorit", also Günstling ohne das gesagt wird *wessen*. Bei einem Heimpublikum kann das mitunter noch angehen, aber wenn Medien (→) vor dem Wettbewerb bereits einen Favoriten haben, ist vom freiem Wettbewerb vielleicht nicht mehr viel übrig.

ficken – geht auf das ahd. Wort für *schlagen* oder *dreschen* zurück (in abgeschwächter Form damit verwandt: fegen). Auch der Name *Fugger* heißt ursprünglich „Schläger". Als sich im Jahr 1368 der erste Vertreter der bald berühmten Familie in Augsburg registrierte, unterschrieb er noch als *„Fucker"*. Unter einem solchen verstand man jemand, der Korn drosch. Warum diese recht ruppige Weise nun zum Schlagwort für sexuelle Aktivität bei Deutschen wie Engländern werden konnte, sagt sicher auch etwas über die Lebensweise aus. Die anfängliche Bedeutung schimmert wieder im international geläufigen „fuck you" durch, das eher selten eine sexuelle Komponente hat.

Flittchen – entstammt dem mhd. Ausdruck *flitten*, was nun schlicht „lächeln" bedeutet. Auch wenn das lächelnde Mädchen offenbar nicht überall gern gesehen wurde, schaffte es das eine oder andere dann offenbar doch hinüber in die „Flitterwochen".

Friede(n) – wird oft als eine Art Synonym für „Ruhe" gebraucht („Ruhe und Frieden", Ruhe in Frieden", etc.), leitet sich aber von ahd. *frede* ab, was *gefrieren* oder *starr* sein heißt. Vgl. ital. *fredo* = kalt, *fredere* = frieren, engl. *freeze,* aber auch das deutsche *frisch* im Sinne von *kalt.* Die deutsche Vorstellung vom Frieden suggeriert, dass die Gemüter sich abkühlen. Den Friedhof denkt man sich am besten festgefroren im Winter und etwas rätselhaft bleibt die Vokabel des Kalten Krieges zurück.

Floskel – kommt von lat. *flora* – Blume. Kleine Blümchen, begriffen als sinnentleerte, inhaltlose Ornamente die davon ablenken, dass sonst weiter nichts geboten wird. In diesem Sinne eine ebenso wichtiger wie aktueller Begriff.

Folter – der Begriff für die Quälerei von Menschen durch Behörden, soll angeblich mit dem Wort „Fohlen" zusammenhängen und sich von einem gleichnamigen Apparat abgeleitet haben, auf das man Menschen band, um sie auszupeitschen. Was daran nun aber einem jungen Pferd mehr geähnelt haben sollte, als etwa einem Esel ist nicht verständlich. Es ist jedoch etwas wahrscheinlicher, dass der Begriff mehr etwas mit *poltern* zu tun hat, also *Krach schlagen,* eigentlich *schlagen.* Verwandt damit ist auch das bereits mhd. belegte *bolzen* (siehe: Bolzplatz), was ebenfalls schlagen bedeutet und von lat. *pulto, pultare* = schlagen, prügeln herstammt und ziemlich genau das meint, was man auch heutzutage mit Folter assoziiert, abgesehen davon, unter humanistischen Aspekten gewandtere Methoden (→) entwickelt wurde.

Foul – im deutschen heutzutage vor allem vom Fußball bekannt. Hat aber weder etwas mit Verwesung (faulen) zu tun noch mit Bequemlichkeit (faul sein), von denen es verdrängt wurde, sondern ist der im mhd. noch geläufige Begriff für „Fehl/er" (vgl. engl. *failure*). Mancherorts gab es auch *Faultürme*, die Gefängnisse waren, in welchen Leute eingesperrt waren, die Fehler gemacht hatten, also das was wir heute Vergehen oder Tätlichkeiten nennen. Insofern ist die im engl. erhalten gebliebene Bezeichnung für meist körperliche Angriffe im Sport treffend gewählt, zumal man sie in strittigen Augenblicken leichter über die Lippen bringt als „Tätlichkeit!"

Frage – unser Wort *fragen* stammt von lat. *precore* und heißt beten, bitten, betteln. Dazu passt dann auch die der Frage vorausgehende Frage: *Darf ich eine Frage stellen?* (→ prekär)

Frustration – oder kurz: der Frust. Kommt von lat. *frustror* = betrügen, täuschen, hintergehen, reinlegen, etc. von *frustra* = Irrtum, nutzlos, sinnlos, zwecklos. Die Frustration kommt also daher, dass man sich getäuscht hatte, getäuscht wurde, leer ausging. Dabei heißt lat. *frustum* auch Bissen, Brocken, Gebrochenes. Ist das nun aber nicht genug ist, wirft man die Brocken hin.

Gage – siehe Engagement

Gang – eine Gruppe von mehr oder minder kriminellen Personen, deren einzelne Mitglieder man als „Gangster" bezeichnet. Der bekannte englische

Begriff hat selbst aber keine kriminelle Vergangenheit, sondern basiert auf dem deutschen „gang" (wie in *Hausgang*) im Sinne von *Umgang*, engl. „going".

Gast – wurde schon in frühester Zeit als „Besucher" verstanden, so stammt auch das Wort von ahd. *gaten* = zusammenkommen (vgl. engl. *to gather*, bzw. *together*). Ein Gast ist also jemand mit dem man zusammen kommt oder sich verbindet. Da dies vor allem auch in der Nachbarschaft üblich war, hat damit auch die Gasse (Gosse) zu tun, andererseits aber auch der Geist (engl. *ghost*, alt-engl. *gaest*, vgl. *guest*). Ein **Geist** wird als Art Besucher im eigenem Haus oder gar Gemüt (Hirnstübchen) verstanden. Begeisterung ist also eine Art Zusammenkunft, während die *Gastfreundschaft* nicht notwendig eine magische (→) Kunst ist.

Gelatine – leitet sich ab von lat. *gelare* = Eis, Frost, etc., vgl. ital. *gelati* – daher kommt auch *Gelee*. In der Schweiz nennt man das Speise Glacé (von. lat. *glacier* – Eis, deutsch: Gletscher, Glace- (Eis-)handschuhe hießen jedoch so, weil sie wie eine Art *Glasur* glänzten, obwohl man sie aus Ziegenfell herstellte. Da Gelatine in der Regel aus zermalmten Knochen hergestellt wird, kann man sich natürlich fragen, ob oder wie die Grundbedeutung mit dem Begriff des Friedhofs (→) zusammenhängen könnte.

General – der oberste Militär verdankt seinen Namen der lat. Vokabel *generalis*, die schlicht „allgemein" bedeutet, sich also wie cine Generalvollmacht, für den einfachsten, überall einsetzbaren Soldaten eignen würde, aber hier wurde natürlich *von oben* her gedacht, weshalb ein General der ist, der *alle* befehligen oder kommandieren *darf*. Die Grundbedeutung kennen wir noch als „generell".

Genius – von lat. *genius* = Schutzgeist, den sich die Römer persönlich oder aber ortsgebunden (genius loci) vorstellten. Als „genial" galt, wer von einem (guten) Geist besessen oder ergriffen war, vgl. *Museum*.

Gott – von pers. *chod* = Gottheit. Die Grundbedeutung des Begriffs ist „gießen", vgl. Guss, aber auch Götze, ital. *gettare* gießen (→ Ghetto), was seinerseits von gr. *che'in* – gießen stammt. Damit zu tun hat auch *cho'e*, *chose* = Trankopfer, was auch wiederum mit frz. *sauce*, dt. Soße zu tun hat. Der „Gottes"-Begriff stammt aus den antiken Kulten (→) sog. Trankopfer, bei denen Römer, Griechen, Perser, Goten (!) und viele andere etwas über ihre geweihten Altäre gossen: Wein, Bier, Öl, aber auch Blut, wie ansatzweise auch in der Bibel erzählt wird. Man beachte hier die zentrale Bedeutung von Taufe und Wein am Altar im Christentum.

Glück – wörtlich „Gelegenheit", das was (wie der Würfel) zum *liegen* kommt, *geleg*entlich, vgl. engl. *luck* (good /bad). Was gutes oder schlechtes „Glück" ist, entscheidet folglich das Los, bzw. der „Zu/Fall". Deckungsgleich damit ist frz. *chance* (mal/bonne).

Grippe – von. Griff, greifen. Hat man die Grippe, hat man „den Griff", bzw. wurde ergriffen. Die Vorstellung beruht auf der Vorstellung von Geistern (→ Gast).

Groteske – leitet sich ab von lat. *grotta* = Grotte, Höhle. Als grotesk verspottet wurden die von den frühen Humanisten als äußerst primitiv empfundenen Höhlenmalereien, die man in Europa in vielen Grotten entdeckt hatte. Die Qualität der Darstellung konnte offenbar nicht mithalten mit den Malereien in Kirchen und Palästen, weshalb man schlechte Maler als Grotten-maler schmähte. Während die abwertende Bedeutung im Ausdruck „grottenschlecht" noch erhalten geblieben ist, würde man die skizzenhafte Maltechnik heute eher Graffiti oder Cartoon nennen, die anfangs auch nicht allgemein beliebt waren.

Gruß – was heute als Ausdruck von Anstand verstanden wird, hat einen gewissen Weg hinter sich gebracht, basieren Gruß und grüßen doch auf dem ahd. *gretan* (alt-engl. *gret*) was weinen und jammern bedeutet. Dies rührt wohl vom auch heute noch manchmal tränenreichen Abschiedsgruß. Aus derselben Wurzel stammt aber auch das mhd. Wort *gruseln*, was wir heute als ängstigen kennen, ursprünglich aber „zum Weinen bringen", „zu Tränen rühren" hieß. Was früher nur traurig war, kann heute schockierend sein. Dass manche heute verstimmt sind, wenn man sie nicht grüßt, zeigt hier den Bedeutungswandel.

Guerilla – wörtlich der Kleinkrieg, von span. *la guerra* – der Krieg, was an für sich ein deutsches Wort ist, nämlich *werra* und im weiteren Sinne Streit, Zwist, Kampf bedeutet. Aus dem alten *werra* entspringt auch Wehr und damit Reichswehr, Wehrmacht, Bundeswehr.

Gymnasium –stammt von gr. *gymnos*, was „nackt" heißt. Die von den antiken Griechen unter dem Namen *gymnasion* geschaffene Einrichtung war aber keine Schule im heutigen Sinn, sondern eine Art Sport- und Trainingsstätte für die *männliche* Jugend, grob gesagt etwa im Alter von 5 bis 20. Sie trieben *nackt* Sport und zwar zum Vergnügen älterer (bekleideter) Herren, die sich bei Gefallen denen einen oder anderen Knaben erwarben. Frauen und Mädchen waren übrigens *nicht* zugelassen. Warum sich Humanisten dazu entschlossen hatten, ausgerechnet diesen Begriff als Namen für die Schulen ihrer Bildungseliten zu wählen, ist wohl nur damit zu erklären, dass Päderastie (→) bei ihnen offenkundig anders bewertet wurde, als zu Beginn des 21. Jahrhunderts. In den 1970er Jahren waren einige Intellektuelle zumindest in Gedanken näher an den „Idealen" der Antike.

Hass – ist nur eines von einer Reihe Worte, die mehr oder minder ähnliche Ideen transportieren und sich damit in gewisser Weise gegenseitig erklären: heiß, Hitze, Hetze, vgl. auch engl. *hate, heat, hot*, etc.

Hektik – von griech *hektikos* = fiebrig, von *hekteko*, zerschmelzen, erschöpfen, hängt auch mit *gebähren* zusammen. Im frühen 18. Jahrhundert bezeichnete man damit die Schwindsucht, deren erkrankten man eine übereifrige Betriebsamkeit unterstellte, die heute wohl eher den Betrachter als den handelnden erschöpft.

Helikopter – von griech. *helikos* (**Helix**) = gewunden und *p'teron* = Feder. Wir haben es begrifflich also mit einer „Federwindung" zu tun. Das deutsche Gegenstück *Hubschrauber* kommt von *Hub (heben)* und *Schraube*, eine Schraube die sich hebt.

Hokuspokus –ein bereits um 1600 in England schriftlich belegbarer Ausdruck für „Taschenspieler-Tricks", abgeleitet von engl. *hoax* = Spaß, Spiel, Trick und *poket* = Tasche. Die lateinischen Endungen werteten das Ganze scherzhaft auf als Gegenstück zu damals ebenfalls um sich greifenden Magie-Bücher, die damit auch entlarvt werden sollten. Die öfter zu lesende Ableitung des Begriffs von der lat. Kirchenformel „*hoc est* (enim) *corpus* (meum)" = dies ist (...) Leib" aus der christlichen Eucharistie mag für manche vielleicht amüsant sein, ist aber sachlich unbegründet.

Holocaust – gr. *holo* = ganz und *caustos* = Verbrennung. Der in englischen und französischen Bibelübersetzungen geläufige Begriff zur Übersetzung des biblischen Brandopfers (hebr. *ola* = „Aufstieg") wurde etwa um 1950 für den millionenfachen Massenmord an europäischen Juden, anfangs aber auch für den Atombombenangriff auf die japanische Stadt Hiroshima gebraucht. Mit der TV-Serie von *Marvin Chomsky* (1978) wurde der Begriff weltberühmt, obwohl religiöse Juden ihn als eine Art Verballhornung des Massenmordes sehen, stand der Begriff bis dahin für Tieropfer.

Hospital – ursprünglich Metzgerei, Schlachthaus, dann das Wirtshaus, in welchem geschlachtet wurde, dann Herberge (lat. *hospitalis*), Hotel. Als Hospiz verstand man auch eine Einrichtung für unheilbar Kranke, jedoch nennt sich dies zur besseren Vermarktung mittlerweile auch Palliativmedizin (→). Bedenkt man aber, dass in Deutschland laut einer Anfang 2014 publizierten AOK-Studie im Jahr dreimal mehr Menschen an Behandlungsfehlern in Kliniken sterben, als bei Verkehrsunfällen, kehrt der ursprüngliche Wortsinn des Hospitals dann doch unterschwellig zurück.

Hostie – lat. Schlachtopfer, Opfertier. Das mag manche überraschen, stimmt aber tatsächlich. Das hat damit zu tun, dass die alten Römer sich nur recht zaghaft, vom Opferkult und den damit verbundenen Braten trennten. In der armenischen Kirche, der ältesten existierenden überhaupt, hat sich übrigens bis heute das *matach* genannte Opferfest erhalten, bei welchem Lämmer oder Hühner direkt vor der Kirche, meist an den Stufen, geschlachtet werden.

human – leitet sich ab von lat. *humus* und das heißt? Richtig: Erde. Human heißt irdisch, der davon herrührende *Homo* ist wörtlich ein „Erdling" oder „Irdischer". In dieser Weise könnte man sich Homosexualität als Erdbe*g*attung denken, während der Humanismus möglicherweise darauf abzielt, alles dem Erdboden gleich zu machen, bzw. einem entsprechenden Level anzupassen. Der lateinische Mensch-Begriff „Erdling" entspricht der Erzählung der hebräischen Bibel wo der Mensch (*adam*) begrifflich aus der Erde (*adama*) geschaffen wird.

Humor – ist feuchtfröhlich und das nicht grundlos, heißt das lateinische Wort doch „feucht", bzw. Feuchtigkeit. Wer ohne flüssig zu sein, gut lachen hat, hat vermutlich einen eher trockenen Humor: Wasser als Trockenmasse.

Hure – das ahd. Wort *huren* heißt schlicht mieten, also gegen Bezahlung nutzen, bewohnen, ausleihen. Warum man den Begriff auf sog. Prostituierte (→) verengt hat, erklärt sich nicht von selbst, aber wir erinnern uns auch an das *Flittchen* (→). Wenn man nun aber den begrifflichen Zusammenhang zwischen Immobilienmaklern und Hurenlohn bedenkt, wird einem doch etwas anders zumute.

Hygiene – heißt altgriechisch lediglich „*heilend*". Auch wenn man nun geneigt sein sollte, Seife, Sauberkeit, Desinfektion und was auch immer eine „heilende" Wirkung zuzuschreiben, geht das aus dem Begriff selbst nicht hervor. Hier unterscheidet sich wie so oft Wortung von Bildung, ggf. auch bereits von Einbildung. Wenigstens legen dies moderne Studien nahe, die zu belegen meinen, dass der Aufenthalt in einer sterilen Umgebung die Anfälligkeit für Krankheiten eher erhöht als senkt.

Das mag im Einzelfall strittig sein und bleiben, jedoch ergibt sich daraus, dass eine selten näher definierte „Sauberkeit" im medizinischen Sinne „heilend", also hygienisch im Wortsinn sein müsste, keine Aussage ist, die sehr belastbar ist. Zumindest dann nicht, wenn man sich nicht an die Infektionsstandards hält.

Hysterie – ein um 1850 von Humanisten ersonnener Begriff, um das „irrationale" Verhalten von Frauen zu erklären, das nach der gängigen Ansicht entstehen konnte, so die Gebärmutter (*hysterios*) nicht regelmäßig mit Sperma „gefüttert" werden sollte. Die Betrachtungsweise vertrug sich nicht mit der kirchlichen Auffassung der Keuschheit. Zudem wies Sigmund Freud darauf hin, dass „hysterisches" Verhalten *auch* bei Männern zu beobachten sei. Dass die alten Griechen die Gebärmutter nicht *hysterios* nannten, sondern *metra* oder *meter*, wovon sich übrigens ja auch das deutsche Wort ableitet, hat die weitere Diskussion nicht beeinträchtigt und das muss auch nicht verwundern. Jedenfalls versteht man unter einer Massenhysterie keine Legebatterie.

Idendität – wird allgemein von lat. *idem* hergeleitet, was „derselbe", „der nämliche", usw. heißt und auf *identidem* = wiederholt, mehrfach, immer wieder, basiert. Identität ist also Wiederholung. Treibt man regelmäßig Sport, wird man Sportler, spielt man immer mal Schach, wird man ein Schachspieler. Was immer man also (regelmäßig) tut, ist idenditätsstiftend. Übung macht den Meister. Ganz einfach.

Idiot – gr. *idiotes* ist der einfache Soldat, der Fußsoldat, oder Infanterist. Wie sich die heutige Bedeutung daraus hat entwickeln können? Irgendeine Idee, liebe Leser?

Infarkt – wer dabei zuerst an (s)ein Herz denkt, liegt etwas daneben, da das zugrundliegende lat. *infartus* Verstopfung heißt, und zwar die des Darms. Später bezog man den Begriff auf Blutgefäße, usw. und fügte noch einen k-Laut ein, damit es *Infarktus* hieß und nicht Infartus. Letzteres erinnerte zu sehr an engl. *fart* = Furz.

Inflation – von lat. *inflare*, was wörtlich: aufblasen heißt. Ursprünglich war dies ein eher medizinischer Begriff, der *Schwellungen* und *Entzündungen*, auf gut Deutsch: Blasen bezeichnete. Doch im 19. Jahrhundert, mit der Verbreitung des Papiergelds, wurde das dann erst inflationistisch dann inflationär, und so ist es im Laufe der Zeit auch vielen anderen Begriffen ergangen.

Influenza – war früher mal *Einfluss*, inzwischen bezeichnet es in umgekehrter Richtung eher den *Abfluss*, Durchfall. Übermäßiger Einfluss verdünnisiert sich mit der Zeit.

Insekten – von lat. *in/secare* = ein/schneiden, heißt so, weil Naturforscher im 19. Jhd. meinten, dass diese Lebewesen irgendwie „geschnitzt" worden sein. Zur Entstehung ihrer „Kerben" gab es so auch unterschiedlichste Theorien.

Integration – meint heute so viel wie „Einbürgerung" oder Assimilierung, kommt von lat. *integrare* und meint eigentlich wiederherstellen, vervollständigen, woher die **Integrität** (Vollständigkeit, Unberührtheit) dann auch herrührt.

Inzest – bedeutet anders als man auf Anhieb vermuten könnte unbedarft, unschuldig, naiv und kommt von lat. *„in/ castus"* = in Unschuld. Offenkundig ein weiterer Mantel-Begriff (→ palliativ).

Ironie – hat anders als oft vermutet nichts mit engl. *iron* = Eisen zu tun, sondern stammt von gr. *iron* = Spott, genauer gesagt eine Variante davon, nämlich das Sich-dumm-stellen, das anderen Unwissenheit vorspielt, wohl etwas verwandt mit der heute als „britisches" Understatement bezeichneten Verhaltensweise.

Isolation – stammt von ital. *isolata*, der Insel, zu lat. *insula*, was ebenfalls Insel heißt. Die sprichwörtliche Einsamkeit der einsamen Insel ist wohl durch auf Inseln verbannte Berühmtheiten wie Napoleon oder Dreyfuss geläufig geworden. Mittlerweile gibt es freilich längst auch Isolationsstationen, Isolationshaft und spezifischer noch Inselrealitäten und -begabungen. Vom Isolierband ganz zu schweigen.

Jalousie – von gr. *zelos* = Eifersucht. Die so bezeichnete Abdeckung war kein Ausdruck der Eifersucht, sondern bot im Gegensatz dazu Schutz davor. Wieder von oben nach unten gedacht, wollte man sich damit Schutz vor Neidern verschaffen. Heute erfüllen ggf. auch meterhohe Hecken einen solchen Zweck. Als störend empfand man jedenfalls einen möglicherweise neidischen Beobachter, nicht jedoch den eigentlichen Treue- oder Ehebruch.

Justiz – von lat. *ius* = Kraft, Recht, Macht, von *iur* = Eid ablegen, schwören, Macht erhalten. Das simple Prinzip: wer (den Mächtigen) seine Treue schwört, bekommt einen Teil der Macht. Die Idee, auch eine Opposition an „der" Macht zu beteiligen, ist eine relativ neue, noch nicht plausibel bewiesene Idee – wenigstens nicht im Bereich der Justiz.

Juni – Monatsname = „jugendlich", benannt nach der noch „kindlichen" Juno, die von ihrem älteren Bruder Jupiter (beide gelten der Sage nach als Kinder des Saturn und der Rhea) verführt und geschwängert wurde. Nach römischer Auffassung ein vorbildliches Handeln, weshalb der Monat auch „der Jugend" gewidmet war.

Juli – römischer Monat, der *Julius Caesar* gewidmet wurde, welcher den Römern den ägyptischen Kalender brachte, der mit der gelegentlichen Einfügung von Schalttagen heute noch gebräuchlich ist. Der Name Julius leitet sich ab vom etruskischen *jug/um*, das auch im Deutschen Joch enthalten ist und eben Joch heißt. Die Namensnennung könnte demnach auch etwas mit der Ernte im Sommer zu tun haben.

Kamera – lat. *camera* meint ein Deckengewölbe.

Davon abgeleitet sind die deutschen Worte Kammer, Zimmer, Kamerad, aber auch Kamera (Foto-, Film), bzw. Camcorder und dergleichen.

Kamille – von gr. *chamai* = irdisch und *melon* = Apfel, wörtlich als „Erdapfel". Kamille hätte also die besten Voraussetzungen gehabt, um unser Wort für Kartoffel zu werden, zumal man in Süddeutschland und Österreich öfter noch von Erdäpfeln spricht, vgl. frz. *pommes de terre*.

Kandidat – von lat. *canditus* = weiß gekleidet, von *candere* = glänzen. Ein Kandidat ist demnach ein „Glänzer". Man kann vermuten, dass es etwas mit dem Hygiene-Begriff (→) zu tun haben könnte. Interessant ist aber allemal, dass die Frage, ob jemand für eine bestimmte Aufgabe in Frage kommt, und so bewertet man ja eine Kandidatur, mit einer Farbe in Verbindung gebracht wird. Aus derselben Herkunft stammt übrigens auch Zuckerrohr (lat. *candis*), nicht weil die Pflanze etwa weiß oder gar glänzend wäre, sondern wegen dem daraus synthetisierten weißen Zuckerpulver. Dass kandidieren und kandieren nun begrifflich aus derselben Quelle stammen, sollte man vielleicht berücksichtigen. Für den Kandidaten hingegen gilt: „Gehst du zum Wähler, vergiss das Bonbon nicht".

Kannibale – eine der bedrohlichsten Bezeichnungen die Menschen füreinander gefunden haben beruht auf einen bloßen Schreib- oder Hörfehler. Richtig geschrieben hätte es „Caribale" heißen sollen, wegen der Karibik, die es anders als eine „Canibik" tatsächlich gibt, was nicht heißt, dass man sie nicht hätte auch so nennen *können*. Zumindest in der Phantasie (→) christlicher Seefahrer hatten die Einwohner der karibischen Insel die unerfreuliche Angewohnheit andere Menschen aufzuessen, wovor nur die christliche Taufe und das Empfängnis der heiligen Eucharistie retten konnten. Da die Seefahrer jener Zeit häufig unter Vitaminmangel und davon hervorgerufenen Wahnvorstellungen litten, ist das nicht letztlich geklärt. Denkbar wäre allerdings auch, dass die Geschichte so gar nicht stimmt, und der Kannibale stattdessen etwas mit lat. *cannis* = Hund zu tun hat, und Leute bezeichnete, die Hunde essen, was man in Südchina oder Korea noch immer vorfindet und was Europäer noch immer furchtbar finden. Durch die „Hannibal Lector"-Filme ist aber vielleicht auch die

Ableitung von Hannibal zur eigentlichen Deutung zurückgekehrt, selbst wenn es eine fehlerhafte war. Was immer wieder behauptet wird, existiert zumindest gedanklich.

Kapital – von lat. *capitalis* – den Kopf betreffend, zu lat. *caput* = Kopf, Haupt, Schädel, weshalb Kapitalismus genau genommen reine Kopfsache ist.

Karikatur – von ital. *caricare* = beladen, zu lat. *carrus* = Wagen, wovon engl. *car* und dt. Karren herkommend. Wie sich nun der Weg vom Wagen zum Wagnis entwickelte, ist nicht klar.

Kartell – eigentlich ital. *cartello* – kleiner Zettel zu *carta*. Sozusagen das Gegenstück zum *Kassiber* (von arab. *katib* - Brief, Buch), was in beiden Fällen einen mehr oder minder illegalen Hintergrund impliziert.

Kartoffel – ein weiterer Schreibfehler (→ Karibik), sollte angeblich *Tartoffel* heißen von ital. *tarfuffo* = Trüffel, was aber nicht erklärt, warum ein einmaliger Schreibfehler niemanden auffiel oder korrigiert werden konnte. Jedenfalls wäre Kamille (→) ein ohnehin passenderer Name gewesen.

Katarrh – von lat. *catarrhus* = Schnupfen, dieses von gr. *katarhaktos* – herabfließend, Wasserfall, etc. von *kata-* herab und *rheos* – fließen. Katarrh heißt demnach Abfluss.

Katastrophe – von gr. *kata* = herab, zurück und *strophe'in* = wenden, drehen, etc. Im Wortsinn ist eine Katastrophe etwas in der Art von Abstieg oder Rückkehr. Darin etwas Schlimmes zu sehen, ist durchaus folgerichtig, wenn man davon ausgeht, dass es stets vorwärts oder aufwärts gehen muss oder soll, während nüchterner betrachtet manches im Leben sich doch eher im Kreis zu drehen scheint.

Katalog – gr. *kata* = herab, zurück und *lege'in* = zählen, wörtlich also das Rückwärts- oder Abwärtszählen, was wir aus der Raumfahrt als *countdown* kennen. Ein Katalog war also ursprünglich eine (offenbar nummerierte) Auflistung von Sachen oder Namen. In Ausstellungskatalogen ist das immer noch so, und auch Warenkataloge haben zumindest Bestellnummern.

Kaution – von lat. *cautio* – Vorsicht, Verhütung. Wenn wir als Mieter (→ Hure) eine Kaution hinterlegen, dient das dem Eigentümer als Verhütungsmittel.

Keulen – schlagen, erschlagen. Das deutsche Gegenstück zum engl. *kill*, heißt eigentlich totschlagen. Das dt. *Keulen* hingegen verwendet man nur noch beim Töten von Tieren.

Kirche – Wortbildung aus gr. *kyrios* = Herr und *arche* = Herrschaft, woraus sich sinngemäß in etwa „Herrenhaus" ergibt.

Klerus – stammt vom gr. Wort *kleros*, was wörtlich Los, Anteil und dergleichen bedeutet, grundsätzlich also *Lotterie*. Im alten Griechenland wurde bestimmte Ämter tatsächlich ausgelost, was vielleicht auch nicht schlimmer ist, als auf die Farbe der Kleidung zu achten (→ Kandidat). Bekannt ist dies die Überlieferung des sprichwörtlichen Scherbengerichts.

Klima – griech. wörtlich: Biegung, Beugung, von *klino*: biegen, beugen, anlehnen, sich niederlegen, usw. Daraus wurde dann lat. *clima* – die Neigung, nämlich die Erde vom Äquator zu den Polen … dann im weiteren Sinne die →Atmosphäre, die allgemeine Stimmung (zwischen Personen oder Staaten). Heute ganz zurechtgebogen, meist *das* Klima, überall als Stichwort zu finden als Klimaveränderung, Klimakatastrophe, dazu gibt es *je nach Neigung* auch Klimaaktivisten oder -leugner, usw.

Klinik – gr. *kline* heißt schlicht Bett (→ Koitus), wonach die Klinik ein Bettplatz ist. → Klima (*klino*: sich niederlegen).

Kobalt – das chemische Element (Co) wurde tatsächlich nach dem Kobold, dem Fabelwesen benannt, dessen Name sich aus ahd. *kobe* = Hütte, Haus und *bold* (von *balt* = tapfer, kühn) zusammensetzt, also in etwa „Hauswächter" heißt. Das Schwermetall galt als billiges Silberimitat, das Kobolde anstelle des von ihnen geraubten echten aus den Minen hinterlassen haben sollen. Der schwedische Forscher Georg Brandt übernahm 1735 den Namen des Koboldsilbers und erklärte, dass es mit Silber nichts zu tun hat.

Koitus – gr. *koite* heißt ebenfalls Bett. Mit *lektron* (ohne e vorne) gibt es noch ein drittes Wort für Bett. „Die Griechen" gab es in der Antike nicht, in unterschiedlichen Regionen aber Dialekte, wie man heute sagen würde. Für die alten Griechen wäre es sicher erstaunlich zu erfahren, wie *kline* und *koite* heutzutage in anderen Teilen der Welt aufgefasst werden, gab es für sie hier doch keinen Unterschied.

kolportieren – von lat. *collare* = um den Hals tragen. Soll vom Bauchladen stammen, den man vor sich hertrug, vielleicht auch von der Monstranz (→ Monster), was sich dann wie ein Gerücht verbreitet. Läuft alles ein wenig auf das hinaus, was man früher wohl Hörensagen,

Mundzumund-Propaganda und heute Werbung nennt, nicht erst seit dem Käufer sog. Markenkleidung auch zu (unbezahlten) Werbeträgern ihrer Hersteller wurden.

Komet – von gr. *kometes*, heißt wörtlich „langhaarig" oder zumindest „behaart", abgeleitet von gr. *kome* = Haar. Die alten Griechen nannten wohl ihre „Hippies" so, mittelalterliche Astronomen jene Himmelskörper, die einen „Schweif" hinter sich herzogen. Eine, wie man wohl sieht, an den Haaren herbeigezogene Erklärung, die jedoch bis heute begriffliche Gültigkeit besitzt.

Komma – kommt von gr. *koma* = Schlag, zu *kompte'in* = schlagen, klopfen. Der Name kommt daher, weil beim Diktat ein Klopfzeichen für das Satzende gemacht wurde. Die Unterscheidung zwischen Punkt und Komma nach heutigen Regeln, kannten die alten Griechen übrigens nicht, damit auch keine endlosen Schachtelsätze. Ihre Rhetorik basierte vielleicht auch deshalb auf Argumenten.

Kompass – von lat. *com* = mit + *passus* = schreiten, gehen, wörtlich also mitgehen. Vgl. engl. *compassion* = Mitgefühl, Mitleid.

König – stammt von gr. *kynegos* = Jäger, zu *kynegia* = Jagd. Der Begriff basiert, wie man unschwer erkennen kann auf *kynos* = Hund (→ Zynismus), was etwas scherzhaft vielleicht noch in „Schützenkönig" erhalten ist. Ein *Kynegos* war also jemand der mit Hunden Treibjagden veranstalten konnte. Etwas was Adelige scheinbar noch immer gerne tun, wegen Tierschützern häufiger in Abgeschiedenheit (→ Jalousie). Das Kaninchen, öfter fälschlich als „Königshase" deklariert ist der „Hasenhund", sprich die Beute des Königs und seiner

Jagdgesellschaft. Doch weiß das Sprichwort auch zu sagen: *Viele Hasen sind des Hundes Tod.*

Kontroverse – von lat. *contra* = gegen + *verso* = Richtung, im Wortsinn also (verbaler) Gegenverkehr (→ pervers)

Kosmos – stammt von gr. *kosmos* = Schminke, Schmuck, Zierde, woher sich auch die Kosmetik ableitet. Im Mittelalter waren Akademiker noch davon überzeugt, dass das Weltall eine Art „Dekoration" sei, eine Idee, die sich auch noch im deutschen Wort Himmelszelt findet. Kosmonauten sind aber keine Figuren aus dem Zirkus (→) oder Theater (→) und Kosmologie ist kein Fachbegriff für „Makeup".

Krater – relativ unspektakulär heißt das gr. Wort *krater* schlicht Krug oder Kanne. Ein möglicher Hinweis darauf, dass es in der Antike nicht nur fähige Töpfer gab.

Kreatur – kommt von gr. *kre'as* = Fleisch. Eine Kreation ist folglich etwas was aus Fleisch besteht, und der Kreator im Wortsinn ein Fleischer.

Kredit – stammt von lat. *credo* = Glauben, eine Bedeutung die noch durchschimmert, wenn man von Gläubigern spricht.

Kritik – von gr. *krites* = Gerichtsurteil, Richterspruch, dazu *kriterion* = Gericht. Griechische Gegenstück zu lat. *iur/ius.* Wer es immer schon geahnt hat, hat hier nun den linguistischen Beleg: Kritiker sind meist selbsternannte Richter, die abseits von Gerichten Urteile ab- und Vorurteile weitergeben.

Krokodil – ergab sich aus gr. *kroke* = Sand und *dilos* = Wurm. Ein Krokodil ist ein *Sandwurm*. Gut beobachtet. (→ Delphin, → Elefant)

Krone – von lat. *korona* = Horn, von hebr. *keren* = Horn. Die Zacken der Krone sind stilisierte Hörner, jemanden die Hörner aufsetzen hat trotzdem eine etwas andere Bedeutung als jemand zu krönen.

Kröte – der Begriff wurde von Martin Luther erfunden und vom Groschen abgeleitet. Warum weiß man nicht. Vielleicht wegen der Ähnlichkeit zwischen der Münze und dem Lurch. Umgangssprachlich Kröten haben heißt seitdem wohl Geld haben.

Kulisse – was man als oft aufgemalten Hintergrund im Theater kennt, stammt begrifflich von lat. *collare* = seihen, sieben, Sieb, woraus im frz. Theater *coulisse* wurde, das Fallgitter, hinter der Bühne. Heute bezeichnen Sportreporter auch die Zuschauer von Fußballspielen als „Kulisse".

Kultur – stammt von lat. *cultura* = Ackerbau, von *culta* = Acker, Feld. Kulturschaffende sind folglich Bauern, weshalb der Begriff vom Bauerntheater in keiner Weise abschätzig aufgefasst werden sollte. Verständlich wird damit auch, wie und nun warum Zuwanderer aus dem Ausland als *kulturelle Bereicherung* aufgefasst werden: entweder als willkommene Feldarbeiter oder zum Zubereiten von Speisen.

Labyrinth – abgeleitet von gr. *labrys* = Axt, genauer gesagt: Doppelaxt. Der Sage nach war die Doppelaxt das

Abzeichen des Herrschers von Knossos, der deshalb auch die Hecken um seinen Palast (→) in Form von Doppelaxten anlegen ließ. So entstand das bekannt gewordene Labyrinth, das später jedoch wesentlich verzwicktere Varianten bekam, die nichts mehr mit der Urform zu tun hatten. Erst mit Stephen Kings „The Shining" (verfilmt mit Jack Nicholson in der Rolle eines verrückt gewordenen Familienvaters, der mit einer Axt in der Hand die Frau durchs Haus und den Sohn durch ein Labyrinth jagt), ist die eigentliche Wortbedeutung wieder ins Bewusstsein zurückgekommen.

Lappalie – ein Kunstbegriff aus der Bürokratensprache (→ Büro) des 19. Jahrhunderts, der dem Lappen (Tuch) ein akademisch klingendes –*alie* anhängt, um eine Kategorie für weniger bedeutende Amtshandlungen zu benennen, wohl in Abgrenzung zur Personalie (→ Person). Meint in etwa dasselbe wie Formalität.

Latenz – von lat. *lateo* = verborgen, versteckt (→ Jalousie), von lat. *later* = Ziegelstein, also wörtlich wie sinnbildlich „eingemauert". Geläufig sind Ausdrücke wie „latenter Antisemitismus", „latente Homosexualität" (→ human) und ähnliches. Im Wortsinn handelt es sich also stets um etwas, was man (hinter Ziegelmauern) verborgen hält, womöglich das eigene Privatleben. Siehe auch → Person.

Lavendel – von lat. *lavare* = waschen. Das Waschkraut, so genannt, weil es den Geruch von Seifen, Laugen und dergleichen etwas milderte.

Lawine – von lat. *labri* = rutschen. Ist nicht schwer zu verstehen. Eine Lawine ist das was herab rutscht. Das trifft auch auf die Lava zu, die aus der selben Herkunft stammt, linguistisch betrachtet.

Legende – wurde von lat. *legere* = lesen abgeleitet, wie auch Lektion. Legendär wird etwas, wenn man etwas darüber lesen kann und damit Lektionen (Lesungen) erteilt werden. Wenn man nicht mehr genau sagen, vom wem oder was nun genau die Rede ist, heißt legendär so viel wie erdichtet oder erfunden: die bloße Legende.

liberal – kommt vom altrömischen Gott (→) *Liber*, dem Weingott „*Liber pater*", der etwa dem griechischen Bacchus entspricht. Die Bedeutung des Wortes lautet buchstäblich „Wein", bzw. „Kelter", wovon sich auch „*libo*", Trankopfer ableitet, welches mit der „*libra*", der Waage bewertet wurde. Die dem Wein zugeneigte, von ihr beeinflusste Lebensweise, gilt als frei(zügig), offenherzig, so wie man sich angesäuselte Trinker eben vorstellen mochte. Der römische Geist der Freiheit kommt also nicht von ungefähr. Das trifft schließlich auch noch auf „liber", das „Buch" zu, das seinem Namen der *Kelter* (Presse) verdankt, mit welcher die für die Herstellung von Schreibmaterial gedachten Pflanzenreste und Bast ausgepresst wurden.

Liter – gr. *litra* = Pfund (auch: libra). Ein Pfund ist ein Liter, heute verdoppelt (→ Diplom) auf ein Kilo (= tausend).

Liturgie = gr. *leiturgia* = Staatsdienst, Regierung, von gr. *leitos* = Staatsvolk, nicht zu verwechseln mit *liturgos* = Steinmetzarbeit, zu *litos* = Stein

Logik – gr. *logios* = Rede, *logos* = Rede, Erzählung, Fabel, Geschichte, Ordnung, von *loge'in* – berichten, aussagen, etc. Die Logik der Geschichte ist die Geschichte selbst.

Lotto – ital. *lotto* zu franz. *lot* = Teil, Anteil, damit verwandt ist auch das deutsche *Los*, davon abgeleitet die Lotterie.

Lupe – heißt tatsächlich Wölfin (*lupe*) zu lat. *lupus* =Wolf. Warum man mit einem weiblichen Wolf vor den Augen die Dinge genauer sehen kann? Oder besser gesagt, warum man das Gerät nach dem Tier benannte? Nicht ganz einfach, da auch die öfter zu findende französische Ableitung *loupe* schnell beim mhd. *Lappen* landet (→ Lappalie). Die üblichen Erklärungen klingen eher holprig, etwa, dass es Wolfzähne als Schmuckstücke gab, die dann pars pro toto den Namen gaben für eine bestimmt Sorte von Schmuck, dann für ein Vergrößerungsglas, mit welchem man das Schmuckstück untersuchte, wohl um nachzuschauen, ob irgendetwas daran noch an einen Wolf erinnerte. Leuchtet nicht ein, aber das kann vielleicht auch gar nicht anders sein. Was will man auch sehen, wenn man eine Lupe unter die Lupe nimmt?

Luzifer – von lat. *lux* = Licht und *ferre* = tragen, also ein Lichtträger, im technischen Sinne also ein Armleuchter oder Fackelläufer, so wie man sie seit 1936 von den Olympischen Spielen her kennt, aber auch schon vorher von politischen Aufmärschen, usw. Im finsteren christlichen Mittelalter war Luzifer als Lichtträger offenkundig unbeliebt und Sinnbild des Bösen überhaupt. → Phosphor.

M acho – spanisch „Mann" von lat. *masco* –

„männlich". Im Wortsinn ein Mann, müsste der Begriff, um ein bestimmtes Verhalten auszudrücken allmählich durch einen adäquaten arabischen Begriff ersetzt werden.

Mädchen – Magd, Maid, von mhd. *magat* = Jungfrau, vgl. engl. *maiden*.

Mafia – Die Berühmtheit des Begriffs ist vor allem durch Film und Fernsehen geprägt worden, doch waren bereits die Ursprünge literarisch. Der erste Beleg des Namens findet sich in der 1555 entstandene Auto-biografie des Florentiner Bildhauers *Benvenuto Cellini* auf (1771 von *Thomas Nugent* ins Englische, 1803 von *Goethe* ins Deutsche übersetzt). Der darin erwähnte „Maffio" ist beschrieben als ein Anführer von Auf-ständischen, was wohl recht gut zum künftigen Image passte. Es dauert eine Weile, bis der Name wieder auftaucht. Victor Hugo nennt 1831 in seinem „Glöckner von Notre Dame" eine Nebenfigur „Maffio". Kaum zwei Jahre später in seinem Stück „Lucrezia Borgia" spielt die Figur des *Maffio Orisini* eine tragende Rolle. Da das Stück von Hugo im selben Jahr noch als Oper ver-arbeitet wird, wird der Name nun auch allgemein bekannt (in Italien). Dreißig Jahre später findet der nun bereits sprichwörtliche Wandel Maffio zu den Mafiosi statt im Lustspiel „*I mafiusi di la Vicaria*" des inter-national eher unbekannten Giuseppe Rizzoto. Die Bedeutung des Namens „*Mafio*" ist „*gutgläubig*", „*rechtschaffen*", abgeleitet von *ma* = mein und *fia* glauben (von lat. fide = glauben), vgl. das bayerische *mia san mia*. Mafio ist also der *Rechtschaffene* und besitzt in dieser Weise einen selbstredenden Namen.

Magie – beruht auf gr. *magos*, von pers. *mogh* (mach) = groß (vgl. dt. Macht). Bezeichnung altpersischer Priester, wörtlich also in etwa „Großer, Oberer", was genau dem lat. *Magister* entspricht, dem deutschen

Meister oder aber dem hebr. Rabbiner (von hebr. *raw* = groß). Mit →Zauberei haben die altpersischen Magi(er)= übrigens eher nichts zu tun gehabt.

Magnet – *magnetos* = Ofenstein, von gr. *magis* = Backofen, Backtrog. Ursprünglich war damit der feuerfeste Schamottstein gemeint. Dass von frischen Backwaren auch heute eine gewisse Anziehungskraft ausgeht, liegt auf der Hand.

Malaria – wird als „schlechte Luft" (*mal aria*) gedeutet, könnte sich aber auch auf ungut dargebrachte Darbietungen von Arien beziehen, krank machen kann beides.

Manipulation – von lat. *manus* = Hand und *plere* = füllen. Warum die Handvoll nun zum Sinnbild der Verführung werden konnte und fortan reichte, kann man sich überlegen. Manipulatoren nehmen aber gerne etwas in die Hand: Kinder, Sportgeräte, Blumen, Kugelschreiber, Kostproben, Luftballons, andere Hände, was eben gerade taugt. Man merkt es meist erst im Nachhinein, wenn man selbst außer Versprechungen nichts sonst noch in der Hand hat. Mit leeren Händen kann man nicht manipulieren. (→ Kandidat)

Mannequin – frz. heißt wörtlich *Männchen*. Warum? Weil Mode für kleine Herren von Kindern vorgeführt wurde und dafür häufiger Mädchen in die Kleidung schlüpften. Der Begriff ist inzwischen selten geworden.

Marionette – frz. *Mariechen*. Gemeint waren Püppchen die Maria darstellten, die im 18. Jhd. auch per Draht bewegte Figuren von Maria und anderen Heiligen des Christentums verwendet wurden. Aus derselben Herkunft stammt dann auch der Ausdruck *Marotte*.

Märtyrer – gr. *martir* = Zeuge, von *martirion* = Zeugnis, Aussage. Verdeutscht als Marter, Marterpfahl, süddeutsch auch als Marterl, jedoch nicht für Unfallzeugen, sondern für jene, die bei Verkehrsunfällen ums Leben kamen. Dass das gr. Wort für Zeuge Verwendung fand für (mitunter zu Tode) Gefolterte oder Exekutierte hat offenkundig auch etwas mit Art und Zweck der Befragung im christlichen Mittelalter zu tun.

Masochismus – Den Begriff erfand der deutsche Kriminalpsychologe *Krafft-Ebbing* (1840-1902), offenkundig um den aus Lemberg stammenden adeligen Schriftstellers *Leopold Sacher-Masoch* zu schmähen, der mit Selbstquälerei nichts am Hut hatte, sondern ein Vorkämpfer für freie Liebe, Homosexualität und der Emanzipation von Frauen und Juden war. Er war mit König Ludwig II. von Bayern, mit Victor Hugo, Emile Zola und Henrik Ibsen befreundet. Zu seinen vielen Werken gehören u.a. 1866 Don Juan von Kolomea, 1870 Venus im Pelz (hundert Jahre später von Warhol adaptiert), 1870 Die Liebe des Plato, 1878 Judengeschichten, 1878 Der Neue Hiob, 1878 Die Republik der Weiberfeinde, 1880 Ästhetik des Hässlichen, 1881 Neue Judengeschichten, 1886 und viele andere mehr. Sacher-Masoch wurde insbesondere auch wegen seiner Parteiname für jüdische Belange immer wieder scharf von Antisemiten angegriffen und selbst als „Jude" denunziert, obwohl er das Kind alter christlicher Adelsgeschlechter war. Die Nachwelt benennt ihn nach dem Mädchennamen seiner Mutter. Als Sacher hingegen ist eine Torte bekannt geworden.

Masse – von gr. *massa* = Teig, Klumpen, insbesondere der Name für den bei den Griechen sehr beliebten Gerstenbrei (wozu wir heute Müsli sagen würden, was nicht unpassend ist, da auch das deutsche Mus daher kommt). Später wurde *massa* gleichbedeutend mit einem Batzen, dann für Massen im abstrakten Sinne. Massage und massieren beziehen sich als Ableitungen auf das Kneten.

Materie – von lat. *mater* = Mutter und gr. *meter* = Mutter. Materie ist sinnbildlich alles Geborene (vgl. → Kreatur). Inzwischen haben findige → Akademiker mütterlose Arten der Materie definiert.

Meditation – kommt von lat. *meditare* = nachdenken, sinnen, bedenken, sich überlegen, üben, einstudieren, usw. Heute oft scheinbar gedankenlos praktiziert. Das Ergebnis ist meist ohnehin *einstudiert*.

Medium – in der Antike verstand man als Media das Großreich der „Meder" im Gebiet der heutigen Türkei und der Iran etwa zurzeit vor 2700-2500 Jahren. Die Bezeichnung bedeutete wohl so viel wie Mitte, also „Reich der Mitte", so wie man später das weit in Fernost liegende China nannte. In vielen Sprachen der Umgebung finden sich Begriffe, die alle etwas mit Meter, messen, Mitte zu tun haben, ganz gleich ob es Latein, Griechisch, Hebräisch oder Persisch ist. Sprechen wir den Medern also das *Medium*, die *Medien* zu, weil sie offenbar in einer wesentlichen Epoche *Mittler* und *Vermittler* waren, die gut kulturelle Gegensätze überwinden konnten. Lange ist es her. (→ Meditation)

Meile – lat. *mila* = tausend. Gemeint sind tausend Schritte zu 1.482 m, definiert auch als 5000 Fuß, gemessen 29.64 cm pro Fuß.

Melisse – gr. *melissa*, *melitta* = die Biene. Wohl als Bienenblume gedacht, was auf eine ganze Reihe anderer Blumen auch zutreffen könnte.

Melone – gr. *melon* = Apfel. Stammt aus Zeiten als Äpfel noch andere Größen hatten.

Mensa – lat. Tisch. Eine Neuschöpfung, weil der eigentliche Begriff der Römer *banco* bereits als Bank (Geld) verwendet wurde, weshalb man zunächst von der *mensa academica* sprach. Das gr. Gegenstück wäre *trapez* (Tisch, Bank).

Messe – von lat. *mittere* = aussenden, schicken, etc. Eine mehrmals im Jahr übliche Verkaufsveranstaltung, zu denen Anbieter ihre Waren schickten, meist mit Vertretern. Davon abgeleitet hat sich auch das gemeinsame Essen, woraus dann die Offiziers- und Schiffsmesse herrührt. Schließlich gab es dies dann auch für die Daheimgebliebenen im Kirchenschiff, nicht selten aber mit Kanzeln, deren Aufmachung an Schiffe erinnern sollten. Als eine Art Trost leitet sich daher auch das englische „*meat*" für *Fleisch* ab, das eigentlich nur „Speise" heißt, das ursprüngliche Wort für Fleisch wäre „flesh".

Messias - gr. *messias* von hebr. *meschiach* – gesalbt, geölt, eingeschmiert, übergossen, gecremt, usw. In der biblischen Beschreibung wurde ein ernannter Oberpriester oder neuer König auf der Stirn mit einem heiligen Öl aus dem Tempel gesalbt, das aus einem Horn gegossen wird. Dem entspricht die Krönung mit einer Krone (→) deren Zacken wiederum Hörnen entsprechen. Die gr. Übersetzung des Begriffs lautet *christos* und heißt ebenfalls geölt, etc. Die Selbstbezeichnung „Christ" ist etwas irreführend, wohl weil man die Ölung mit der Taufe durch Wasser verwechselt hatte.

Metall – gr. *metallon* heißt Grube, im erweiterten Sinne auch Bergwerk oder Mine.

Methode – von gr. *meta* = hinter, mittels, etc. und *odos*- Pfad, Weg, sinnbildlich deshalb auch Art, Weise. Methodisch vorgehen, heißt genau genommen zurück zu gehen, d. h. den Weg abschreiten, um nach Anhaltspunkten zu suchen.

Metropole – von gr. *meter* = Mutter, sowie *polis* = Burg, (befestigte) Stadt. Eine Metropole ist also etwa eine Bezirkshauptstadt im funktionalen Sinn.

Milieu – frz. Ortsmitte, Umgebung, von *lieu* = Ort, Platz, kann überall sein.

Million – von lat. *tausend* (→ Meile), erst ab dem 18. Jhd. taucht Million sporadisch als *„tausend mal tausend"* auf. Ebenso verhält es sich mit der Milliarde, die ebenfalls von „tausend" abgeleitet wird. Die Endungen *–ion* und *-iard* haben weiter keine Bewandtnis sondern sind konstruiert.

Mimose – gr. *mimos* entspricht unserem Schauspieler. Der Begriff ist noch im seltener anzutreffenden Mimen erhalten. Die Mimose – eine Charakterrolle.

Minarett – ursprünglich Leuchtturm, wörtlich „Lichtlein", vgl. hebr. *menora* = Leuchter zu arab. / hebr. *nur* – Licht.

Minister – von lat. *minister* = Diener, Gehilfe, Handlanger, zu *ministro* = bedienen, vollstrecken, liefern.

Möbel – vom frz. *meuble*, lat. *mobil*, also beweglich. Aus heutiger Sicht sind Fahrräder und Autos eher beweglich als ein Sofa oder Schrank, jedoch stammt der Begriff aus einer früheren Epoche (→).

Mode – von lat. *modus* = Regel, Vorschrift, Maßstab. Kein Wunder also, warum so oft und viel von Mode die Rede ist, liest sich eine „neue Herbst-Vorschrift" auch weniger verführerisch. Am Sachverhalt ändert sich dadurch allerdings nichts.

Monarch – gr. *mono* = allein und *archos* = Herrscher. Der Monarch ist im Wortsinn ein Alleinherrscher, der sich anders als der → Diktator (von lat. *dicere* = reden, also Redner) nicht erklären muss.

Mönch – gr. *monachos* = alleinstehend von *monos* = allein, einzig, einsam, entspricht also in etwa dem neudeutschen *Single*.

Monster – stammt von lat. *monstrare* = zeigen, zur Schau stellen. Vom selben Wort stammen Monstranz und Muster, die ebenfalls eine Ausstellung meinen.

Moral – *moralis* wird abgeleitet von lat. *mos*, was Brauch, Gewohnheit, Sitte, Übliches bedeutet. Die Grundbedeutung ist *motus* = Bewegung (vgl. Motto, Motiv = Beweggrund). Auch Möbel (→) dienen also der Moral, insofern man sie bewegt.

Morphium – von gr. *morphe* = Form, Gestalt. Sozusagen eine Frühform der Gestalttherapie.

Moschee – müsste eigentlich *mos'ke* gesprochen werden, da es sich von arab. *mas'gid* ableitet, vgl. engl. *mosque*. Basis ist arab. *sagada*, was „unterwerfen", „sich verneigen" heißt. Der nur im deutschen gebräuchliche *sch*-Laut hat sich nach 1840 eingebürgert und hat auf diese Weise erfolgreich den biblischen Eigennamen *mosche* (gr. = Moses) verdrängt.

Mumie = pers. *mum* = Harz. So genannt, weil ägyptische Mumien mit Harz verklebt wurden. Nach den Rezepten des deutschen Arztes *Paracelsus von Nettesheim* (1493-1541) wurden Mumien zu Pulver vermahlen, um die zerstoßenen Leichen als Bestandteil diverser Heilpräparate zu nutzen. Dies ging bis ins frühe 19. Jhd. als die Ägyptologie von Frankreich aus an Ansehen gewann (→ Humanismus). Interessant am Rande, ist, dass die Mumie anders als vieles sonst, was das antike Ägypten anbetrifft, ausnahmsweise mal nicht mit einer griechischen Vokabel bezeichnet wurde, was sonst üblich war (Pyramide, Sphinx, Nil, Ägypten, Stele, etc.), da der griechische Ausdruck für *Mumie* anderweitig vergeben wurde. → Skelett.

Museum – gr. *musa, moa* oder *moisa*, ein Geistwesen (→ Gast), welches einem abschließende Kenntnisse in diversen Handwerken und Künsten durch die Nase einhaucht. Als der Glaube an Geister nachließ besserten Humanisten nach und man sprach nun vom „Kuss" der Muse (wovon es nach der Schilderung von Hesiod neun unterschiedliche gab, für Malerei, Gesang, Astrologie, Dichtung, Tanz, usw.). Mit dem Museum im heutigen Sinn, hat dies nicht viel zu tun, da dort in der Regel *nichts Eigenes* geschaffen wird und man sich allenfalls über Kopfhörer „inspirieren" (→) lassen kann. In der Antike war das *museon* der Tempel in welchem zu den Musen gebetet und ihnen Opfer (→) gebracht wurden. Im Mittelalter stand der Begriff für die Auflistung eines Inhaltes im Buch, das was wir heute Index oder Inhaltsverzeichnis nennen. (→ Katalog). Erst im 19. Jhd. nannte man einzelne Kunstsammlungen „Museum", wobei bis in die Gegenwart hinein der Begriff mit anderen Bezeichnungen wie etwa Pinakothek, usw. konkurriert, die sich dann scheinbar auf bestimmte Aspekte spezialisieren, während es heutzutage im Gegensatz dazu wieder Museen aller Arten gib: für Puppen, Eisenbahn, Römer, Medizin, Militär, Judentum, Jagd, Sport, ein Brot-Museum in Ulm, und vieles anderes mehr. In der modernen Museums-Pädagogik (→) erhalten geblieben ist die Vorstellung, in die Köpfe der möglichst jugendlichen Besucher einzudringen um „Gutes" zu bewirken.

Mythos – gr. für Rede, Gespräch, Besprechung von *mytheomai* = reden, sprechen. Wenn man sich an ein Gespräch oder an die Rede von jemanden nicht mehr richtig erinnern kann, muss das nicht immer an der eigenen Vergesslichkeit liegen.

naiv – frz. geboren, gebürtig, verkürzt aus lat. *nativus* geboren, woraus folgt, dass man Menschen, die von sich sagen „ich bin nicht naiv" durchaus mit einer gewissen Skepsis (→) betrachten sollte.

Narkose – gr. *narkosis* = Lähmung. Mittels Narkotika (Lähmungsmittel) ist eine temporäre Lähmung von vielen Patienten (→) durchaus erwünscht. Kein Wunder, wenn man bedenkt, dass *Narzissmus* (die Selbstliebe) die genau selbe Herkunft hat: *Narziss* - der Gelähmte.

Nation – von lat. *natus* = geboren. Der *Natur* nach müssten alle Geborenen, also Menschen, Tiere, Fische, Insekten, usw. *eine Nation* bilden. Aber auch hier unterscheiden sich Wortung und Bildung mal wieder recht stark. Aber auf welcher Basis eigentlich, wenn es nicht von den Fachbegriffen selbst herkommt?

Nazi – griffige Kurzformel für „Nationalist", meist im Sinne von oder in Anlehnung von „Nationalsozialist" (Hitler). Vor dem 20. Jahrhundert war Nazi jedoch ein durchaus geläufiger Kosename für Jungen, die *Ignatius* hießen. Der bekannteste Namensträger war wohl im 16. Jahrhundert der spanische Mitbegründer des Jesuiten-Ordens (Societas Jesu, SJ) Ignatius von Loyola. Bekannt war freilich auch der *dumme Bengel Nazi* in Nestroys Eulenspiegel. Es ist plausibel, dass die Wortschöpfung in den 1920er Jahren bewusst auf den „Nazi-Bengel" gemünzt war, bzw. auf die 1926 gegründete Hitler-Jugend (HJ). 1927 verwendete Goebbels den Begriff in seiner Schrift *„Der Nazi-Sozi: Fragen und Antworten für Nationalsozialisten"*, der sich damit gezielt an junge Leute richtete.

Notar – von lat. *notare* = notieren, schreiben. Im christlichen Mittelalter oft der einzige offizielle (lat. officium = Büro) Schreiber einer Burg oder Stadt und deshalb von großer Bedeutung. Während frühere Notare jedoch eher nach Gehör schrieben und dabei manchmal einen Namen in einem wenige Zeilen umfassenden Dokument schon auch mal in vier verschiedenen Weisen schrieben, sind Notare heute durch ihr Amt befugt, außergerichtlich Urkunden von ebensolcher Wichtigkeit auszustellen, gegen stattliche Gebühr versteht sich.

Nuance – frz. Wölkchen, von *nue* = Wolke. Wer sich nun nuanciert ausdrückt, muss kein Raucher sein, aber möglich ist das doch.

Nummer – lat. *numerus* = Menge, Zahl, womit nicht eine bestimmte Zahl oder Ziffer gemeint war wie 73 oder 131, sondern Zahl im Sinne von Menge oder Masse (→).

Nymphe – gr. für Braut. Eine Nympho*manin* wäre demnach also die weibliche Variante einer *Braut* (→), vielleicht aber das Gegenbild des *männlichen* Mannes, des Macho (→).

Objekt – von engl. *to object* = einwenden, widersprechen, vorwerfen, von lat. *iacare* = werfen. Ein Objekt ist soz. ein „Einwurf" (so ähnlich wie beim Fußball) und Objektivität entsteht durch den Gegenwurf. Um das zu verstehen muss man wie immer von oben nach unten denken, also vom Herrscher herabschauend auf den Untertan (engl. *subject*), dem man von oben etwa vorwirft, und weil man das *kann*, ist man *objektiv*. Und was kann man, wenn man nicht ohnehin schon adelig ist oder einer anderen Elite angehört, nun heute daraus lernen? Sich stets nur selbst Vorwürfe zu machen ist subjektiv, werfen Sie auch mal anderen etwas vor, um etwas objektiver zu werden.

Ökologie – gr. *oikos* = Haus und *logos* = Rede, Geschichte, Ordnung, sinngemäß also wohl die „Hausordnung". Fragen sie mal in Württemberg danach, wie bedeutsam diese ist, da gibt es manches zu erzählen.

Ökonomie – gr. *oikos* = Haus + *nomos* = Name, ergibt als *oikonomos* den Hausverwalter, dazu bestimmt, die Hausordnung durchzusetzen, woraus folgt, dass die Ökonomie die Ökologie bestimmt.

Oktober – lat. *octo* = acht, der 8. Monat, nach christlich-römischer Logik (→) jedoch weltweit als *zehnter* Monat, anerkannt.

Oktopus – gr. *achtfüßig*, was so auch auf Spinnen zutrifft und wahrscheinlich nicht geeignet ist, die Angst (→) vor Spinnen zu mildern.

Olympia – gr. *olympos* = Himmel, bekannt durch das Olympos-Gebirge mit sechs Gipfeln, zwischen der griechischen Ostküste und Mazedonien, dessen höchste Gipfel Mitikas 2918 m und Skolo 2911 m hoch sind. Nach der Gebirgskette benannt sind bekanntlich auch die Olympischen, sprich „himmlischen" Spiele, für die sich in der Antike zuletzt König Herodes einsetzte. Seit 1896 gibt es die „olympischen Spiele der Neuzeit". Dass damit viel Geld verdient werden kann, ist auch daran zu erkennen, dass es in Deutschland etwa seit 2004 ein „Olympiaschutzgesetz" (OlympSchG) gibt, das anders als man meinen könnte, kein Natur- oder Artenschutzgesetz ist, sondern staatlicherseits die Ausdrücke „Olympiade", „Olympia" und „olympisch" vor (kommerziellen) „Missbrauch" und *Nachahmern* schützen, will, was rechtlich freilich umstritten (und wahrscheinlich sogar unmöglich) ist.

Onkel – hat offensichtlich etwas mit Enkel zu tun, nur was? Onkel leitet man ab von frz. *oncle*, was von lat. *avunculus* stammt, was Onkel, genauer gesagt „Bruder der Mutter" heißen soll, was seinerseits aber von lat. *avus* = Großvater herrührt, womit wir die Onkel-Enkel-Unklarheit auch hier vorfinden. Nach römischen Recht waren lediglich Männer rechtsfähig. Blieb nach dem Tod des Mannes die Witwe mit den Kindern zurück, war der Bruder der Mutter für sie und die Kinder als zuständiger Vormund übrig. Damit nun aber niemand auf die Idee kam, im Bruder einen neuen Ehemann zu sehen, nannte man ihn *avunculus*, Großväterchen und entsprechend die Kinder Enkel. Das ging im Laufe der Zeit auf leibliche Enkel über, die lat. *nepos* heißen, wovon sich das dt. Neffe ableitet, wie auch der Nepotismus, die Vetternwirtschaft.

Opium – man fürchtet vielleicht schlimmes, aber gr. *opion* heißt ganz harmlos „Saft", insbesondere der der Feige. Alles andere war das Werk von Fachleuten.

optimal – von gr. *optikos* = sichtbar (vgl. Optik), scheinbar, usw. Etwas zu sehen, ist optimal und was man sieht ist das Beste, das Optimum und wer glaubt was er sieht ist ein Optimist. Als Gegenstück zum Optimismus erdachte man sich als sog. Witzwort den *Pessimismus,* von lat. *pessimus,* als Steigerung zu *malus* = schlecht (eigentlich klein, gering), fehlerhaft, gebrechlich, böse. Dem „Sichtbaren" stellte man demnach gegenüber, was man eher *nicht gerne* sehen wollte. Wenn der Optimist also sagt, das Glas Wasser ist halbvoll, so müsste der Pessimist eigentlich nicht sagen es sei halb leer, sondern: „Das ist gar kein Wasser ..."

Orchester – gr. *orchestra* = Tanzfläche, zu *orchestres* = Tänzer. Wie auch schon aus → Chor ersichtlich hörten die griechischen Tänzer irgendwann auf zu tanzen. Um weiter zu musizieren spielten sie Instrumente und sangen dazu. Dies mag ein Indiz dafür sein, dass Kirchen keine Tanzmusik mochten.

Orthodox – gr. *rechtgläubig* (→ Mafia). Auch wenn man oft von einer „orthodoxen" Kirche in Russland spricht, nennt sie sich dort nicht so sondern *prawoslawnaja*, was rus. auch „rechtgläubig, wortgetreu" heißt.

Ostern/n – stammt wie engl. *Easter* von gr. *astarte*, dieses von aramäisch *astara* mit der Bedeutung *Stern* (vgl. *Esther*, engl. *star*, dt. *Stern*, usw.). Astarte wurde in der Antike in Syrien als eine Himmelsgöttin verehrt, und entsprach in etwa der lat. Venus (Morgenstern) und der gr. Aphrodite. Sie galt als Fruchtbarkeitsgöttin, zu deren Ehren man sich kleine Bäume ins Haus stellte (siehe christlichen Gebräuche des Osterstraußes und Weihnachtsbaums). Hauptfest des Kultes der Astarte war der Frühlingsbeginn etwa gegen Ende März. Der Begriff Ostern für das christliche Fest ist erstmals 1589 im lutherischen Umfeld namentlich belegt.

Ozon – gr. Geruch, von *oze'in* = riechen. Zweifelsfrei nicht das einzige riechbare Gas.

P**alme** – lat. *palm* = Hand, engl. *palm* Innenhand. Liegt auf der Hand.

palliativ – von lat. *pallium* = Mantel. Modebegriff aus den letzten Jahren, im Zusammenhang sog. *Palliativmedizin,* im Wortsinn also „Ummantelungs-medizin" (vgl. → Latenz), bei der Sterbenskranke von anderen Patienten getrennt werden (→ Optimismus). Vorbild dafür ist womöglich die Geschichte des *St. Martin,* der auf dem Pferd sitzend einem Armen seinen halben Mantel herunterreicht, dann den Bedürftigen aber sitzen lässt und weiterreitet. Nach heutigen Maßstäben wäre das wohl unterlassene Hilfeleistung.

Panik – von gr. *pan,* jeder, alle, vgl. Pan-Europa. Panik ist somit in etwa eine *Verallgemeinerung,* für alle die sich einzig und ganz besonders fühlen, durchaus ein ernster Grund, es mit der Angst (→) zu tun zu bekommen. Und was ist dann Panieren? Angst in der Küche? Nein, es stammt von lat. *pan* = Brot.

Panzer – frz. *pancier* = Kettenhemd, von *pance* = Bauch, im Dt. auch als Pansen erhalten geblieben. Der Bauchspeck ist demnach der Panzer. Das wird mancher Analytiker so ähnlich sehen.

Paradies – hebr. *pardes* = Obstgarten. Der Schrebergarten als Vorgeschmack. Österreichisch *Paradeiser* nennt man die Tomate.

Paradox – gr. *para* = neben, *doka* = Rede, Meinung, Lehre. Die öfter mal gefragte zweite Meinung ist für alle, die nur eine gelten lassen wollen, durchaus abwegig.

Parfüm – von frz. *parfumer*, räuchern zu lat. *fumare* = rauchen, dampfen, (ver)brennen.

Parlament – lat. *parlamentum* = Unterredung, von *parle* = reden, sprechen. Sozusagen ein Sprechzimmer.

Parodie – gr. *para* = neben und *odios* = Gedicht. Ein Nebenprodukt des Dichters, dessen Skizzen und Übungen zum fertigen Gedicht oder Stück, noch das ernsthafte fehlt. Sozusagen war die Parodie eine Kunst der Auslassung, heute versteht man sie als Nachahmung.

Partner – von engl. *part* = Teil, Anteil, also *Teilhaber*, vgl. Partitur (Einteilung), Parterre, etc. von lat. pars = Teil, Seite, *Partei*, etc.

Pastor – gr. für Hirte, meist für Schafe oder Schweine.

Pathos – gr. Leiden, Dulden, Ertragen. In früheren Zeiten war Pathos als Leidenschaft und Hingabe gesellschaftlich durchaus geschätzt, heute wirkt dies hingegen öfter pathetisch, im Sinne von zu emotional das eigene Leiden betonend.

Pazifismus – stammt wie der Pazifik von lat. *pacificus* und heißt „Frieden stiftend", von lat. *paco* = friedlich machen, unterwerfen, *pace* = Frieden, Unterwerfung, auch: *pactum* = Friedensabkommen. Pazifik war wörtlich das unterworfene Meer, zumindest in Punkto Gebietsansprüche. Im 1494 in Tordesilla geschlossenen Vertrag einigten sich die damals vorherrschenden Seemächte Portugal und Spanien auf Vermittlung von Papst Alexander VI auf die Aufteilung der Welt in eine spanische und eine portugiesische Hälfte. Den Rest der Welt hat dies nicht lange beeindruckt.

Penis – wörtlich: *Pinselchen* von lat. *Füßchen* von *pes* = *Fuß, Takt*

Person – lat. *persona* Maske, Rolle und zwar die des Schauspielers im Theater (→), lat. *personere* = (vor) spielen, sich verkleiden, maskieren. Davon abgeleitet ist auch das **Personal**, dass es nicht nur im Theater gibt. Dabei handelt es sich um Leute, die bereit sind, gegen mehr oder minder gute Bezahlung eine Maske aufzusetzen, die möglichst freundlich ist und zum Stück des Arbeitgebers passt (→ Engagement). Wer Wert auf eine Persönlichkeit legt, sollte sich also Schauspielunterricht geben lassen.

pervers – lat. *perversus* = umgekehrt, entgegen kommend (→ Kontroverse), zu lat. *versus* = hin, zu, hingewandt, Richtung, Linie, etc. Will man etwa richtig Perverses sehen, reicht es in den Spiegel zu schauen.

Phallus – gr. *phalle'in* = aufblasen. Eng verwandt mit Ballon und Ball übrigens, was sicher auch manches erklärt.

Phantasie – gr. *phantastos* = vorstellbar. Alles was man sich vorstellt ist phantastisch, sozusagen. Zugrunde liegt gr. *fane* = Fackel.

Philister – von hebr. *plischtim* = Eindringlinge von *palasch* = eindringen. Vom Wortsinn eher auf- als eindringlich, nämlich als obrigkeitshörige, engstirnige akademische Fachidioten (→) und Spießer, zumindest in der deutschen Studentensprache des 19. Jhd. Ob es einen Zusammenhang mit der Sympathie mancher Kreise mit den gleichnamigen *Palästinensern* (arab. *filistin*) gibt, ist zumindest denkbar.

Philanthrop – gr. *filandropopia* von *fil'* = lieben, mögen und *andros* = Mann, ergibt: männerliebend, den Ehemann liebend, etc. Hätte auch zum Begriff für Homosexualität werden können, was Gerüchten gemäß früher wohl auch so war.

Philosophie – von gr. *filia* = Liebe, Zuneigung, zu *filia* = Gunst, Freundschaft, *file* = die Geliebte, *filos* = der Geliebte, *filema* = Kuss, und *sophia* = Klugheit, List, Einsicht, zu *sopfisma* = klug, listig, geschickt, etc. ergibt in der Summe in etwa „Liebeskunst", „Kniffe der Zuneigung", bzw. „Anleitung wie man sich beliebt macht".

Phobie – gr. *phobos* = Scheu, Zurückhaltung. Hydrophob ist wörtlich genommen „wasserscheu", wobei Experten (→) den Sachverhalt umkehrten und aus der Zurückhaltung eine aktive Abweisung konstruierten, woraus „wasserabweisend" entstand. In diesem Sinne wurde Phobie dann auch als eine Art von „Intoleranz" (→ Toleranz) umgedeutet, weshalb dann „Homophobie" (→ human) beispielsweise nicht als Erd-

oder wenigstens Menschenfurcht heißt, sondern als ablehnend gegenüber Homosexuellen verstanden wird.

Phosphor – gr. lichttragend, das Gegenstück zum lat. Luzifer (→). Man kann sich fragen, warum man denn von Phosphor- nicht aber von Luzifer-Bomben spricht, wo die Wortbedeutung identisch ist.

Pirat – gr. *pirates* = Dieb, Räuber, nicht zwingend auf See, aber die alten Griechen waren gute Seefahrer, ursprünglich eigentlich: Entführer, Menschenräuber. In jüngerer Zeit bemerkenswerterweise auch Name für Parteien in unterschiedlichen Ländern.

Plagiat – lat. *plagiatum* = Entführung, Menschenraub, im Zeitalter der Rationalisierung reicht offensichtlich „geistiger" Diebstahl.

Plan –lat. *planum* = flach, eben, daraus entwickelte sich die Plane, auf die gezeichnet und skizziert wurde. Inzwischen haben viele Leute Pläne im Kopf, was auf ein flaches Denken schließen lässt.

Plasma – gr. *plasma* = Teig, zu *plasse'in* = kneten → Masse

Pogrom – russ. Unwetter, Gewitter (*grom*), offenbar ein antijüdisches, antisemitisches Natur (→)-Phänomen (→), muss sich zumindest der Schaffer dieses eher verschleiernden Begriffs gedacht haben.

Polemik – gr. *polemos* = Krieg, Kampf. Die Sprache des Krieges, oder des Kampfes, etwas irreführend so gebraucht, oft als Synonym für → Kontroverse oder „Streitsucht". Wer tatsächlich Kriege führen kann, Politiker (→) oder Militärs, nutzt stattdessen eher die Sprache der Diplomatie (→).

Politik – gr. *polis* = Burg, ummauerte Stadt, im Gegensatz zur gewöhnlichen Siedlung oder Stadt (gr. *astos*), woher dann auch im Deutschen zahlreiche Ortsnamen mit –*burg* und der politische Begriff des Bürgers stammen. Berechtigte Bewohner der Burgstadt waren Hausbesitzer, die auch bis in die Neuzeit (18. Jhd.) oft alleine das ungeteilte Bürgerrecht besaßen, Männer versteht sich. Politik ist demnach das Recht und die Ordnung der Hausbesitzer, bzw. die Ausweitung der Hausordnung (→ Ökologie) durch den Rat der Hausbesitzer (→ Ökonom) auf die gesamte Burg und von ihr aus (→ Metropole) ins Umland (siehe auch → Demokratie). Durchgesetzt wird dies durch die Polizei (engl., frz. *police*), die oft gar keines anderen Namens bedarf.

Pontifex – lat. Brückenmacher von *pons* = Brücke und *facere* = machen. Religiöser Amtstitel römischer Herrscher, den die christlichen Päpste in Rom übernahmen.

Porzellan von. ital. *porcellana*, frz. *porcelain* von mhd. *porschlin* = „Bürschlein", zu *pursch* = Bursche, Knabe. So genannt wegen das Jesus-Kindlein darstellende Figuren. Weshalb der Name später auf das Material überging, dass mittels Zufuhr aus China (Kaolin) eine neue Qualität bekam. → Marionette.

Post – wörtlich Pfosten (engl. *post*), lat. *postare* = stellen, aufstellen. Der Pfosten als optisches Zeichen als Haltepunkt, etwa für Kutschen. Sodann auch genutzt von Briefzustellern, die sich dann *Post* nannten und nun beinahe jedes Haus beliefern.

plötzlich – kaum jemand weiß was ein „Plötz" sein mag, aber viele ahnen es nach etwas Überlegung, richtig, der Blitz (mhd. auch *bletz, pletz*, etc.). Plötzlich heißt somit „wie ein Blitz".

Predigt – von lat. *pre/dicere* = vorsagen, vorhersagen. Wer die Zukunft wissen will, befragt am besten einen Prediger. Viele von ihnen sagen zumindest, die Zukunft zu kennen. → Prognose

Preis – ahd. *prisen* = loben, rühmen. Ursprünglich waren Preise offenbar verbal, später musste man den Gelobten etwas in die Hand geben (→ Manipulation) und inzwischen hat sprichwörtlich „alles seinen Preis". Vielen Dank auch.

prekär – über das neue Modewort *Präkariat* durch Medien weit verbreitet. Die Herkunft hat damit wie so oft nur wenig zu tun, heißt lat. *precare* doch schlicht beten, wünschen, bitten. Wer betet, befindet sich wortgetreu in einer prekären Situation.

Problem – von gr. *pro* = vor und *balle'in* = werfen. Ein Problem ist ein *Vorwurf*. Vorwürfe macht man, sich und anderen, Probleme sind aber einfach „da", man „hat" sie. Die beste Problemlösung ist demnach wohl den Ball *zurück*zuwerfen → Objekt, → Kontroverse.

Professor – lat. *professoris* – angemeldeter Redner, von *profero* = laut vortragen. Im Grunde also ein „Lautsprecher". Die eigentliche Bedeutung des *Markt-schreiers* schimmert noch in engl. *profession* = (angemeldeter) Beruf. Dass der Begriff überging auf Lehrer und Redner, hat wohl damit zu tun, dass sie eher nicht geflüstert haben.

Profit – von lat. *profecere* = fortschreiten. Wenn man vorwärts kommt macht man Gewinn. Einfache Logik (→)

Prognose – gr. *pro* = vor, vorher + *gnosis* =Wissen. Das Vorauswissen, vgl. → Predigt.

Programm – gr. *pro* = vor und *gramma* = Schrift, zu *graphe'in* = schreiben. Wenn man Programm als *Vorschrift* versteht, was es zumindest vom zeitlichen Ablauf ist, ergibt sich in Bezug auf Fernseh- und andere Programme doch ein leicht anderer Blickwinkel.

Propaganda – von lat. *propagare* = einsetzen, einen Setzling nämlich. Der Begriff stammt etwas überraschend aus der Landwirtschaft (→ Kultur), vgl. auch → Proletarier.

Prophet – wörtlich ein Vorsprecher von gr. *pro* = vor und *fanai* = sprechen. Der griechische Prophet ist im Wortsinn als eine Art Souffleur (Flüsterer) der dem Schauspieler im Theater den Text vorgibt, etwas was heute im TV der sog. Teleprompter schriftlich vorgibt. Hebr. sind die Propheten der Bibel wörtlich „Bringer", von *nawi*, sinnbildlich also eher Boten, die Post oder Pakete bringen.

Prophylaxe – von gr. *profilaxis* = Vorsicht, Behutsamkeit, Angst, hat anders als die gleichbedeutende Phobie eine eher positive Bedeutung im modernen Sprachgebrauch und meint in etwa Vorsorge, insbesondere in medizinischen Belangen.

Proletarier – lat. *prolatarius* = Setzling, Nachkomme, von *proles* = einsetzen. Ist synonym zu Propaganda und machte vielleicht auch deshalb Proletarier für Propa-

ganda anfällig, zumindest in der Theorie politischer →
Akademiker. In der Praxis könnte auch die Polizeigewalt
den Ausschlag geben.

Prostitution – lat. *prostare* = ausstellen (→Monster)

Protest – *pro* = vor + lat. *testare* = bezeugen, im
Wortsinn also im Vorfeld Zeugnis geben, im Sinne wie
jemand sein → Testament macht. Kommt aus einer Zeit,
als man seinen Widerspruch noch beim → Notar
vorbrachte. Inzwischen bringen Protestanten ihre vor-
gefassten Meinungen selbst mit, manche zumindest.

Provision – lat. *pro* = vor und *visio* = Sicht, Wer für
seine Tätigkeit eine Provision kassieren will, tut dies nur
aus Vorsicht.

Prozess – lat. *procedere* – vorwärtsgehen, wachsen.
Daher auch die *Prozession* – die soz. den Fortschritt
verkörpert.

Pseudonym – gr. *pseudo* – falsch, gelogen und *nomos*
= Name. Deckname, Falschname, durch Künstler salon-
fähig und im Internet alltäglich geworden.

Psyche – gr. *psychos* = Wind, „Geist". Psychische
Probleme → sind also *windige*. Vielleicht hilft Frisch-
luft, manchmal reicht das.

Pubertät – man sollte keiner Frau trauen, die
behauptet, in der Pubertät gewesen zu sein, denn der
Begriff an sich ist rein männlich und leitet sich ab von
lat. *pubes* = der Bube, usw.

Publikation – von lat. *publicare* = zugänglich machen,
zu *publis* – Allgemeinheit, im Mittelalter auf „Bevölkerung" (der Stadt) erweitert. Bemerkenswerter Weise

muss heute ein Publikum in der Regel dafür zahlen, um Zugang zu erhalten.

Pudding – engl. Wurst, *black puddig* = Blutwurst, von frz. *biudin* mit derselben Bedeutung. Gibt es inzwischen nicht nur als Vanille oder Schoko, sondern sogar auch vegan mit Soja statt Milch.

Pupille – von lat. *pupila* = Püppchen, kleine Puppe, vgl. → Porzellan, → Marionette. Irgendjemand muss mal die Ansicht vertreten haben, dass Pupillen wie Puppen aussehen, und wahrscheinlich ist Pupillenerweiterung eine vergrößerte Puppe. Gewisse Substanzen sollen dies beschleunigen.

Quacksalber – stammt von *Quecksilber*, das einst beim europäischen Adel ein sehr beliebtes Mittel zur Aufhellung der Haut war, in einer Zeit, als blasse Haut nobel und weltläufig war und braungebrannte auf billige Arbeiter schließen ließ, die auf Feldern werkten. Das Quecksilber führte aber bereits bei einer bestimmten Dosis → zu Hautreizungen bis zu Verätzungen, was noch mehr Salben bedurfte. Irgendwie ist die Branche der Salbenmischer damit ein wenig in Verruf gekommen, zeitweilig zumindest.

Qualität – stammt nicht vom dt. Qual, sondern angeblich von lat. *qualitas* – was als Fragewort „welche/r/s?" heißt und nicht wirklich überzeugend ist, jedoch wurde bislang noch keine bessere Erklärung gefunden.

Quantität – von lat. *quantum* = „wie viel?" und *quantilus* = klein, wenig. Quantität heißt also in etwa „ein bisschen". Lat. *numeris* und *frequentia*, die beide eine „Menge" bezeichnen, waren wohl bereits anderweitig vergeben.

Querulant – von lat. *querulare* = klagen, jammern, heulen. Jemand der seine Schmerzen beklagt, wird offenbar nicht gerne gehört. Daraus folgt: Leide still und wimmere leise.

Quiz – von engl. *quiz* im Sinne von fragen, ausfragen benutzt, eben passend zu den Rateshows. Es leitet sich ab vom *quizzing glass,* dem im Deutschen als Monokel bekannten Einglas. Selbiges war offenbar typisch für Lehrer und Prüfer und wurde so zum Synonym für kritisch betrachten, ausfragen. Deutsch würde man sagen: unter die Lupe (→) nehmen, wo es aber kein entsprechendes Verb „lupen" gibt.

Quote – von ital. *quota* = Anteil, das seinerseits vom lat. *quot* = wieviel? Damit fragte man eher nach der Gesamtsumme, etwa: *wieviel kostet das?* Heute schaut man damit eine Teilmenge, auf ein Mengenverhältnis. Alles wegen der Quote.

Radio – lat. *radius* – Strahl. Radio ist wörtlich ein also Strahler, doch trotz des eindeutigen Namens, hält schon lange niemand mehr Radiofrequenzen für gesundheitsschädlich oder gar gefährlich.

Rakete – wird von ital. *rocetto* = Spule hergeholt, woraus die vierzehn weiteren Schritte hin zur Rakete nicht ganz klarwerden.

Reaktor – entgegenhandeln von lat. *agere* = trieben, handeln. Im 18. Jhd. in der Chemie entstandener Begriff, vorher agierte = handelte man, heute muss man „reagieren", so als ob man nicht auch mal etwas ganz einfach auf sich beruhen lassen könnte. Meist sind es *Händler*, die eine Reaktion haben wollen, etwa auf ein ganz exklusives Angebot, dass man ganz sicher nur uns macht. Sinniger weise sind nun aber heutzutage so genannte *Reaktoren* wieder Anbieter, die z.B. Strom verkaufen (sie reagieren auf unsere Nachfrage?) und wir als ihre Kunden sind in diesem Sinne was genau ...?

real – von lat. *res* = Sache, Ding. Das was Sache, Ding, oder greifbar ist, ist real, ganz einfach. Gibt es noch etwas anderes?

Rebell – von lat. *bellum* = Krieg, jemand, der den Krieg zurück bringt, vermutlich in die eigenen Reihen.

Recherche – frz. *re/chercher* = suchen, von lat. *cicare* = umhergehen, zu lat. *circus*. Eine Recherche ist letztlich also eine Art Spaziergang im Kreis. Bedenkt man die Ableitung der Recherche (Faktenermittlung) vom Zirkus (Schauspiel) dann begreift man die offensichtliche Beliebtheit von TV-Krimis und Reality-TV.

Regel – von lat. *regere* = abgrenzen. Eine Reihe von Wörtern ist aus dieser Vokabel abgeleitet, neben Regel auch das Regal, Regent, Rektor, Regie, aber auch die Region. Die „Regel" dafür ist immer Bestimmen oder Beherrschen durch Ab- und Ausgrenzung in irgendeine Richtung.

Register – von lat. *regere* = zurücktragen, von *gere* = tragen. Etwas wird zurückgebracht und verzeichnet, z.B. Buchleihe. Die Register, die man zieht, sind die der Orgel. Hier basiert der Begriff auf dem obigen Stichwort Regel.

Reibach – von arab. *rabech* = Gewinn. Recht grundlos wird allgemein eine hebr. Herkunft des Begriffs angenommen. Jedoch lautet das hebr. Wort für Zins oder Gewinn „*riwit*", was eine Grundlage für das deutsche Wort wenig wahrscheinlich macht. *Raibach* macht man auch eher am gleichfalls arab. *Basar*.

Reklame –lat. *clamare* = rufen, schreien, also Rückruf, was wir sinngemäß noch in der Reklamation erhalten haben. Warum aber Reklame und Reklamation trotz der selben Wortbedeutung eher selten in Verbindung gebracht werden, ist wohl ein Verdienst der sog. „Kauflenkung".

Rekrut – von lat. *recrescere* = nachwachsen. Eine offenbar unerschöpfliche Ressource →, siehe auch → Idiot.

Religion – von lat. *legere* = sammeln, aufsammeln. Religion ist im Wortsinn eine Sammlung. Im Laufe der Zeit kommt eben einiges zusammen. → Museum.

Relikt – lat. *reliquus* – übrig, restlich, zu legere = sammeln. Sozusagen eine Art von Recycling, dient der Identität wie der *Wertstoffgewinnung*.

Rente – lat. *rendita* = Pacht, Pfand, von re/dare = zurückgeben. Die Grundbedeutung ist am ehesten noch in der Rendite erhalten, welche nichts anderes bedeutet als Rente. → Engagement.

Reporter – lat. *re/portare* = zurücktragen. Als Zuträger bezeichnete man in den Zeiten vor der sog. Pressefreiheit einen Kundschafter oder Denunzianten.

Republik – hieß ursprünglich lat. *res publica*, was man in etwa als „allgemeine Sache" oder „zugänglicher Ort", sinngemäß also als „Allgemeinplatz" übersetzen kann. Nur ist aus dem einstigen „*res*" inzwischen meistens ein „*re*" geworden, welches „zurück", „wieder" bedeutet, weshalb *re/publica* am ehesten „wieder veröffentlicht", im Grunde also ungefähr „nachbearbeitet" heißt. Das lässt an George Orwells „1984" denken.

Resolution – lat. *re/solvere* = auf/lösen, zerteilen. Der Begriff stammt aus der Chemie, wo zum Lösungen gearbeitet wird, die dann sprichwörtlich für Mittel wurden, um sog. → Probleme zu lösen. Daher auch der politische Begriff der Resolution im Sinne einer Beschlussfassung. Begrifflich ist jedoch Demontage des Rätsels Lösung.

Ressource – frz. Mittel, von lat. *resurgo* = wieder erstehen. Eine Ressource ist also ein stets nachwachsender Rohstoff. → Rekrut.

Revier – von frz. *revier* = Fluss (engl. *river*). Sinngemäß die eigene Seite des Flusses, das eigene, nicht das andere Ufer.

Revolver – von lat. *re/volvere* = um/drehen, zurück/drehen. Bei der Waffe bezieht es sich auf die rückdrehbare Trommel. Bei ihrem Einsatz, den oft vergeblichen Versuch, die Zeit zurückzudrehen.

Rezept – lat. *recepere*, zu *capere* = zurück/nehmen. Ein Rezept ist wörtlich die Rücknahme. Probieren Sie das mal bei einer Apotheke.

Riester – mhd. *Schuhflicker*, zu *ristern* = flicken, stopfen.

Roboter – 1920 von den Capek-Brüdern für das Science Fiction Theater-Stück R.U.R. erfundenes Wort auf der Basis von tschechisch „*rabota*" = Arbeit. Der Autor Carel Capek ging dabei jedoch von biologischen Robotern, nicht von mechanischen oder elektronischen aus.

Roman – stammt vom Stadtnamen „Rom": gemeint ist also Rom, römisch. Davon abgeleitet wird auch die Romanze, Romantik und dergleichen. Der Begriff diente ganz offenbar der Verklärung der römischen Geschichte, die sich in ihren Auswirkungen sicher auch weniger „romantisch" darstellen ließe. Was die Wortbedeutung vom Rom/a selbst anbetrifft, tut man sich eher schwer. Relativ plausibel ist die Übereinkunft mit Begriffen wie „Raum", engl. *room*, was einfach Ort oder Platz bedeutet und wohl in Verbindung mit lat. *rus/rum* = Feld, Acker, Farm, Siedlung steht, vgl. auch *rustikal*. Roma ist dann im Wortsinn der Ort. Der ähnliche Name *Rum* für den Schnaps hilft vielleicht weiter, da es auf ital. *rum/a* zurückgeht, was „gut" oder „fein" heißt. Dass nun die alten Römer sich selbst als „die Guten" und ihre Stadt als „die Gute" bezeichnet haben könnten, ist nicht zu abwegig.

Rom/a wird übrigens von Akademikern streng getrennt von Rom/a dem Begriff den wir aus der Formel „Sinti und Roma" kennen, den bislang „Zigeuner" genannten Leuten. Roma wird nun abgeleitet von einem Sanskrit-

Wort „*doma*", das anders als russisch nicht Haus heißt, sondern: „*Mitglied einer niedrigen Kaste reisender Musiker und Tänzer*". Zugegeben ist „*doma*" tatsächlich kürzer, aber die Deutung ist bloßes Vorurteil und belegt nur das einschlägige Denken der Autoren. Das zitierte Wort डोम (*doma*) heißt tatsächlich auch „Rabe", was nun allenfalls einen Wandervogel, aber keinen Musikanten und schon gar keine „niedere Volksgruppe" zulässt. Tatsächlich spricht nichts dagegen, dass „die Roma" nicht auch Nachkommen der alten Römer sein sollte. Die sind (anders als die sog. „Zigeuner") dann auch tatsächlich überall rumgezogen, um die einheimische Bevölkerung auszuplündern.

Rubrik – lat. *ruber* = rot. Rubriken waren im Mittelalter in roter Farbe geschriebene Anmerkungen am Seitenrand von Büchern (später auch bei beliebten Korrekturen in der Schule). Von da ging der Name über auf Spalten als solche und nun für ein bestimmtes Sachgebiet.

Rune – wird allgemein von einen „altgermanischen" Wort *runa* abgeleitet, das Geheimnis oder Flüstern geheißen haben soll und dann „Schriftzeichen" hieß. Denkbar wäre aber auch, dass es weniger kompliziert ist und von hebr. *rina* stammt, was eine Markierung oder Note kennzeichnet, die man ritzte, abgeleitet von *rinan* = Gesang, Melodie, also ein antikes Tonzeichen, als frühe Notenschrift. Natürlich kann es aber auch sein, dass man mit einem Meißel einhämmerte, was man sonst nur flüsterte. → Logik → Dienstag

Saal – ahd. *salo* = Haus, Heim, ursprünglich Feld, Acker, vgl. rus. *sala* = →Dorf

Sabotage – wird in der Regel von frz. *cabot* = Kreisel abgeleitet. Der Hintersinn ist der, dass Kreisel so konzipiert sind, dass sie früher oder später umfallen werden. Und wo ein solcher Effekt nicht gewünscht ist, spricht man dann von Sabotage. Sie ist ein (tückisches) Kinderspiel.

Sadismus, Sadist – Der Begriff Sadismus wurde 1866 vom deutschen Mediziner Richard von Krafft-Ebing nach *Marquis Alphonse de Sade* (1740-1814) geprägt, um dessen sexuell freizügige und kirchenfeindliche Haltung zu brandmarken. Mit Sadismus im heutigen Sinn als Lust oder Befriedigung dadurch zu erleben, in dem andere Menschen demütigt, unterdrückt oder ihnen Schmerzen zugefügt wird, haben das Werk und Auffassung de Sades hingegen nichts zu tun. Der Name der aus der Provence stammenden Adelsfamilie heißt auf Deutsch angenehm, gnädig, wohl bekömmlich.

Salami – von lat. *salsamentum* = gesalzen. So nannte man in der Antike eine Art Fischlake, dann gesalzenen Fisch, schließlich die Dauerwurst. Ob Fisch, ob Fleisch, Hauptsache gesalzen.

Salbe –gr. *solpe*, zu *olpis* = Öl, Fett, Talg, etc. → Messias

Sankt – lat. *sanctus* = bestätigt, von *sancire* = bestätigen, beglaubigen. Der Begriff, der in der Kirche den Namen von Heiligen vorangestellt wird (z.B. St. Francisco) ist sozusagen also eine Art Markenzeichen, oder Echtheitssiegel. Es ist also weniger der (eigene) Glaube entscheidend, sondern vielmehr die offizielle Beglaubigung durch die Instanz, die Heilige einsetzen und bewerben kann.

Sarkasmus – von gr. *sarks, sarkos* = Fleisch, Körper. Davon leitet sich auch der Begriff *Sarko/pharg* ab, der wörtlich „Fleischfresser" heißt, und wohl bereits einer der sarkastischen Ausdrücke ist. Im Supermarkt jedenfalls gibt es keine entsprechend genannte Abteilung für Wurst-Liebhaber. Eine Adaption davon ist jedoch das deutsche Wort *Sarg*. Da man die Toten früher ohne Holzkisten in der Erde bestattete, was im traditionellen Islam und Judentum auch heute noch so gehandhabt wird, ist es klar, dass kein Missverständnis vorliegt, sondern wie so oft ein Bedeutungswandel.

Sarkophag – bezeichnet heute einen Steinsarg, heißt wörtlich aber „Fleischfresser", kommt von griech. *sarks* = Fleisch und *fagein* = fressen, verschlingen. SO könnte man nun auch einen Schlachthof nennen, oder dessen Kunden.

Satan – von hebr. *sa'tan* = Gegner, Widersacher, etwa im Krieg, oder vor Gericht (hebr. *sitna* – die Anklage). Der Ausdruck hat abgesehen davon in der jüdischen Bibel keine besondere Bewandtnis, während er in den (freilich nur auf Griechisch verfassten) Schriften des frühen Christentums eine wesentliche Rolle spielt und zum Synonym schon aus damaliger Sicht schwer verständlicher Begriffsumdeutungen wie Dämon →, Luzifer → oder Teufel → wird.

Satire – gr. *satyr* wird in der Regel eigenartiger Weise von hebr. *se'ir* = Haar abgeleitet, was aber sicher zu sehr an den selbigen hergezogen ist. Christliche Gelehrte des

Mittelalters nannten ein Leiden namens „*satiriasis*", eine angeblich von bloßer „Geilheit" hervorgerufene Geschlechtskrankheit, die mit diversen schmerzhaften Knoten und Geschwülsten verbunden gewesen sein soll, aber *durch Gebete heilbar* war. Humanistische Autoren bezeichneten als „satyr" auch einen Menschenaffen, den wir heute wahrscheinlich Orang-Utan nennen, wozu dann auch der Bezug zu „haarig" passen würde. Die Bezeichnung Satyr für Affe hat sich jedoch bekanntlich nirgendwo durchgesetzt. Eine jüdische Herkunft des Begriffs wurde wohl deshalb erwogen, weil anders als heute „Satire" im Sinne von Spott vor 1950 *alles andere als positiv* angesehen wurde.

Nach dem „Charlie Hebdo" Massaker 2015, lässt sich heute wenig anderes behaupten. Tatsächlich stammt der Begriff natürlich von lat. *satus* = satt (auch verantwortlich für das deutsche Wort, wie unschwer zu erkennen ist), *satis* = genug (vgl. engl. *satisfaction*), gesätigt, *saturitas* = Sättigung, usw. Damit zusammen hängt auch der Name des römischen Staatsgottes **Saturn** (wörtlich der *Satte*, oder *Sättigende*), dessen mehrtägige aufwendige Feier zu Ende Dezember vom christlichen Weihnachtsfest abgelöst oder überdeckt wurde. Die gr. Parallele des Begriffs ist *sartos* = krank, genauer gesagt *übersatt*, *vollgefressen* und da fängt wohl auch die Satire im heutigen Sinne auch an:

die krude Verspottung der vollgefressenen Reichen und Mächtigen, für die wir mit dem „*Gastmahl des Trimalchio*" aus der Erzählung „*Satyricon*" von Petron schon zur Zeit des Nero ein recht gutes Beispiel finden, wenngleich dort der halbgebildete ehemalige Sklave verspottet wird. Das passt auch zur Denkweise der Zeit um 1660, in der die Schrift (wieder?) „entdeckt" wurde.

schwul – kommt von *schwül*, also „warm", dazu auch „warmer Bruder". Warum Schwule nun aber „wärmer" sein sollen als andere Menschen, hat vielleicht mit Vorstellungen zur → Braut zu tun.

Sekretär – von lat. *secretus* = geheim, versteckt, vgl. engl. *secret*. Damit zusammen hängen auch Sakristei, Sektion, Sekte. Immer geht es um etwas, das geheim oder zurück gehalten wird, bis der Begriff für ein Schränkchen verwendet wird und dann für einen Schreiber. Schließlich taucht die Sekretärin auf, die dann folgerichtig eine geheime Beziehung zu ihrem Chef unterhält, zumindest in Roman und Film. →Sekretär

September – lat. der *siebte*, nach römischer Denkweise der passende Name für den *neunten* Monat (→ Dezember)

Serum – von lat. Molke, Käsewasser, der wässrige Teil der Milch, der bei der Käseproduktion als Abfallprodukt anfällt und früher weggekippt wurde. Inzwischen haben findige Vermarkter Molke mit beigemischten Vitaminen zu einem Wellness-Produkt versehen, weshalb nicht nur Entsorgungskosten wegfallen, sondern Gewinn erzielt werden kann damit. Sozusagen eine Art Geld-Serum.

Signal – von lat. *signum* = Sternbild, wörtlich *signare* = einkerben, vgl. engl. *sign* = Zeichen, Abzeichen, Sternbild, oder *signature* = Unterschrift.

Skandal – abgeleitet von gr. *skandalon*, einer Stolperfalle, mit der die Jäger (→ König) gejagtes Getier zum Straucheln bringen wollten. Das führte dann zum Gedanken, Leute sinnbildlich über etwas stolpern zu lassen.

Skelett – von gr. *skeleton* = vertrocknet, ausgedörrt (auch Obst, etc.). In diesem Sinne beschrieben antike Griechen sachlich richtig die Mumien → der Ägypter. Humanistische Gelehrte verarbeiteten in vielfältiger Weise die Leichen alter Ägypter und so verwundert es nicht, dass der unpassende Begriff haften blieb, bis heute.

Skorpion = gr. *schwanzartig*, *stachelig*, vgl. engl. *scarf* = Schal. Als *skorpion* wurde bei den alten Griechen recht viel bezeichnet, was einen langen Stachel oder Schwanz hatte, u. a. auch diverse Fische.

Sklave – anders als man vermuten könnte, ist Sklave *kein* Begriff aus der Römerzeit, sondern stammt aus dem christlichen Mittelalter. Gemeint waren die von christlichen Kolonisatoren unterjochten Bewohner Mittel- und Osteuropas, die Slawen, deren Eigennamen im Gegensatz dazu „Ruhm" oder „ruhmreich" bedeutet, vgl. rus. *slawa* „Ruhm". So kann man aneinander vorbeireden.

Skrupel – lat. *scrupulis* = Kieselsteinchen. Soll man welche haben oder nicht?

skurril = lat. *scurra* = Possenreißer, possenhaft, zu *scurror* = possenhaft, von gr. *skuro* = *umherhüpfen*. Im Spätmittelalter bezeichnete man ein übertrieben schmeichlerisches Verhalten von Untergebenen gegenüber dem Herrscher und den Herrschaften, das darauf angelegt war, deren Sympathie zu erheischen als „*scurilitas*", aber das kann auch ein bloßes Missverständnis der (womöglich auch gar nicht so ungern) Geschmeichelten gewesen sein, wurde mit *scurra* schließlich auch der schnöde Taschendieb bezeichnet. Das Herumhüpfen muss also nicht zweckfrei gewesen sein. Für uns heutige bleibt zu beobachten, wie Werbetreibende mit allen Mitteln unsere offenbar kostbare Aufmerksamkeit mit oft absurden, skurrilen Darbietungen erlangen wollen. Der Kunde ist König, besonders für den Taschendieb.

Slang – von ahd. *Schlange*. Hat mit der Schlange im biblischen Garten Eden zu tun, weshalb die „Schlangen-rede" im christlichen Mittelalter keine positive Bedeutung hatte. Im Laufe der Zeit ging man dazu über inoffizielle Ausdrücke die kaum oder keine Berück-sichtigung in den offiziellen Wörterbüchern fanden als „Slang" zu bezeichnen. Heute hat *slang*, als nunmehr englisch aufgefasster Begriff fast schon die Bedeutung von echter, unverfälschter Sprache, etwa der Jugend, usw.

Slogan – wird gewöhnlich vom angeblich schottischen „*sloghome*" abgeleitet, welches „Schlachtruf" heißen soll, was nicht abwegig ist, da ahd. *slagen* = schlagen drinnensteckt. Fraglich wäre nur, was damit gemeint sein sollte: Krieger oder Metzger?

Soldat – von lat. *soldus*, *solidus* = allein, einzeln, einsam, vgl. solo. Gemeint ist der „Einzelne" (Single) → Mönch. Der Sold (Bezahlung) lässt sich nicht vom lat. *solidus* ableiten, sondern stammt vom mhd. *solden* = schulden, etwas schuldig sein, heute als „sollen" gebräuchlich. Schuldig war übrigens nicht der Herr-scher den Lohn für den Soldaten, sondern der Soldat den Dienst für den feudalen Herrscher, in aller Regel zumindest einige Wochen im Jahr, meist auf eigene Kosten, parallel zu Abgaben in Naturalien, wie Eier, Stroh, Holzscheite, Fische, usw. Der Herrscher (König, Graf oder Bischof) hatte darauf als Landeigner An-spruch. Die auf seinem Gebiet angesiedelten Kleinbauern hatten Sölden, die daher kommenden Knechte waren Söldner. Aus derselben Quelle *solitus* stammt auch der Begriff der **Solidarität,** womit gemeint ist, dass der Einzelne in der *Masse* →, im „Ganzen" aufgehen soll. Solidarität heißt Selbstaufgabe zugunsten eines höheren Zweck, der entweder von Herrschern oder Medien vorgegeben wird. Eine Beistandsleistung, die ansonsten durchaus berechnet wird (etwa bei Anwälten, Ärzten, Gutachtern, Promotern, etc.) Aber das ist sicher auch abhängig vom Einzelfall. → Profit.

sozial – von lat. *socialis* = ehelich, verbunden. Sozialisten sind im Wortsinn durch Vertrag Gebundene, Verheiratete. Unverheiratet wäre im Umkehrschluss *a*-sozial. Wer sich sozial verhält, handelt als Ehepartner, auch wenn man im weiteren Sinne nicht mit einer zweiten Person, sondern vielleicht nur noch mit einer Idee verheiratet sein sollte. Was modern klingt, war aber bereits im Mittelalter gängig, wo man bereits ein „*socius*" im Sinne eines Geschäftspartners sein konnte, etwas was es heute noch als Sozietät (etwa bei Anwälten gibt). Im kirchlichen Umfeld war ein *socius* der Assistent des Pfarrers und wahrscheinlich bei der Befolgung des Zölibats behilflich. Heute gibt es dafür *social media* mit virtuellen Freunden.

Skepsis – von gr. *skepsis* = Vorwand, Ausrede, Notlüge, Entschuldigung, aber auch (falsche) Anschuldigung, Vorwurf. Ein Skeptiker wäre demnach jemand, der soz. „um keine Ausrede verlegen" ist, also jemand, dem man vielleicht misstrauen sollte. Der heutige Sprachgebrauch ist genau umgekehrt, und sieht den Skeptiker als Zweifler, als jemand der nicht einfach zu überzeugen ist.

Spaghetti – ital. *spago* – Schnur und lat. *spacus* = Faden. Spaghetti sind also wörtlich Schnürchen.

Spaß – ital. *spassaro* = sich ausbreiten, lat. *expandere*, engl., frz. *space* = Raum, Platz, zu lat. *spatium* =Raum, Weite, Bahn, etc. Spaß haben heißt sinngemäß Raum oder Zeit haben. Vielleicht gilt der Allgemeinplatz → Republik als eine sichere Form des Spaßes. Im Umkehrschluss wird klar, warum das Käfighuhn anders als der Spatz kein Spaßvogel ist. Eingesperrt sein bringt keinen zusätzlichen Spaß. Man will tanzen, sich bewegen. Sportler die Erfolge bejubeln, beginnen sehr oft zu rennen, um zusätzlichen Spaß zu haben. Damit zusammen hängt auch das Spazierengehen, ein immer noch geläufiger Freizeit-Spaß, bei dem es oft darum geht, sich zu zeigen oder zu sehen, wer sich noch so zeigt.

Spekulation – von lat. *specularia* = Fenster, Ausguck, *speculator* = Beobachter von *specio* = schauen, ansehen, beurteilen. Im Wortsinn ist ein Spekulant ein Beobachter, nicht mehr. In der Neuzeit wird daraus ein abschätziger Begriff über kirchenkritische Philosophen („Grübler"), im Lichtzeitalter ein Begriff für „Amateure" (Spekulieren im Sinne von bloßem Raten) und bald zwei Jahrhunderten später als Börsenspekulant mit der Unterstellung von Insiderwissen, das zum Schaden von Konkurrenten oder „der" Bevölkerung benutzt wird. Aber auch das ist eher Spekulation, d. h. Ansichtssache. → spezial, → Spiegel.

Sperma – gr. *sperma* = Same, Nachkomme, Keimling, von *spartos* = sähen, pflanzen, zeugen. Aus derselben Wurzel stammt übrigens auch *Sparta,* wörtlich die „Saat". Spartaner sind wörtlich soz. „Ausgesäte" und *spartanisch leben* wäre demnach gar nicht so schlimm, wenn man es nicht mit dem Zölibat verwechseln würde.

spezial – lat. *specio* = schauen, ansehen, beurteilen. Die Spezialität ist sozusagen die Arbeit des Spekulanten, nämlich die Beobachtung, das Geschaute, Gesehene. Im Mittelalter waren bestimmte Arzneien oder Mittel unter dem Namen „Spezereien" geläufig. Sie hießen so, weil sie fertig gemischt ausgestellt wurden und zu sehen waren, während die einzelnen Kräuter im Lager waren. Die Aufbereitung wurde somit zur Spezialität, Name für bestimmte Waren, dann soz. immer spezieller für „Typ/e", Art, etc. bis zu heutigen Spezialitäten, Nachrichtenspezials, usw. Beachten sollten wir dabei, dass jede Spezialität nur eine bestimmte Mischung darstellt und die parteiische Ansicht des Anbieters ausstellt.

Spirit – von lat. *spitare* = atmen, vgl. aspirieren. Römer kannten den Atmenden auch als Geist (→ Gast, → Muse → Psyche), wovon dann eher scherzhaft auch der Weingeist abgeleitet wurde.

Spleen – engl. Milz, von gr. *splena* = Milz. Angeblich wurde der Milz nachgesagt, dass sie Launen und eigenartiges Verhalten hervorrufen könne, was sich aber schwer belegen lässt, da eigentlich jeder Mensch eine Milz besitzt, während sich eine *Splenektomie* (Milzentfernung) eher mit einem erhöhten Infektionsrisiko auswirkt.

Spiegel – lat. *speculum* = Ansicht. Reine Ansichtssache, vgl. Spekulation.

spontan – lat. *spons* = freiwillig, versprochen, von *sponsio* = Gelöbnis. Spontan sein heißt nicht wie oft vermutet, etwas gerade aus Lust oder Laune zu tun, sondern so zu handeln, wie man es versprochen hat, aus freien Stücken und Willen, ungefragt oder bevor man dazu gezwungen wurde. Etwa wenn man von sich aus die Waffen niederlegt oder sich der Polizei ergibt. Oder noch besser erst gar kein Vergehen begeht.

Sport – weltbekannt aus dem engl. Sprachgebrauch wird auf lat. *de/portare* = weg/tragen zurückgeführt, obwohl sonst niemand auf die Idee käme Deportation als Sport zu bezeichnen. Allerdings bietet sich lat. *sportula* = Körbchen nicht wirklich an. In Frage käme jedoch gr. *sforos* =Eifer, in unserm Sprachgebrauch als *anspornen* erhalten, zumindest wenn man das mit Sport oft einhergehende Training und nicht zuletzt den bereits in der Antike nachweisbaren Ehrgeiz berücksichtigt. Sollte die eingangs erwähnte klassische Deutung zum Tragen kommen ist Sport heute wohl auch eine zeitliche Höchstleistung, wenn die gesamte (Frei)zeit wegge-tragen wird, während man vorm TV sitzt und anderen beim Herumhüpfen → skurril zusieht. Zumindest Müll-männer und Briefträger müssten im Wortsinn dann Profisportler sein, ist das Wegtragen doch ihr Metier.

Staat – von lat. *status*, zu *stare* = stehen, stellen. Das was steht, fest- oder herumsteht macht im Wortsinn Staat. Damit eng verwandt sind Stadt, Statik, Stativ, Status, die Statue, das Statut und vieles andere mehr, was immer von oben kommend aufgestellt wird ist staatlich und somit stattlich. Statistik nannte man im 18. Jhd. noch die reine Staatslehre, (*statisticum*) wovon der Staᵃtist abgleitet wurde, zunächst als Staatsmann (→ Politiker, →Diplomat), ehe derer zu viel wurden, die dann nur herumstanden, womit man als Statist theatertauglich wurde. Aber auch ein Statist entscheidet nicht von selbst wo er herumsteht. Der Statistiker stellt auch heute noch immer neue Zahlensammlungen und Ergebnisse auf, die staatstragend sein sollen. Die Wendung „statistisch gesehen" heißt demnach in etwa „ich behaupte, dass" und sollte nicht mehr beeindrucken als was sonst so aufgestellt wird.

Stereo – gr. *stereos* = fest, hart, vgl. engl. *stern* = fest, ahd. *steren* = starren, usw. Der Begriff ist am ehesten noch als stereotyp im Sinne von „unveränderlich" verständlich. Akustisch heißt Stereophonie um 1930 fester Klang. Vom gr. *stereos* stammt übrigens auch der **Stern**, im Deutschen beglaubigt als Fix-Stern, wobei auch lat. *fix* „fest" heißt. Doppelt hält besser und hat wohl auch einen stereophonen Klang.

Stress – stammt vom engl. *to stress*, was dehnen heißt. Der Begriff wurde 1936 von dem österreichisch-kanadischen Forscher *Helmut Seyle* für seine Material-forschung geprägt. Mittels Stresstest sollte experi-mentell wiederholbar getestet → Test werden, ab welchen Belastungen (Dehnungen) ein Stoff brüchig oder defekt wird. Das Verfahren stammte aus dem bereich der Tierversuche, bei welchen bestimmte Dosen (→ Dosis) von Giften ermittelt wurden, die → statistisch „nötig" waren, um etwa eine Sterblichkeitsrate von 50 % der Versuchstiere („LD 50", letale Dosis) zu erreichen, usw. Heutzutage ist der Stressbegriff eigentlich auf alle Bereiche des Lebens ausgedehnt worden. So ziemlich alles was einem aus welchen Gründen auch immer nicht zusagt wird als Stress oder stressig bezeichnet, weshalb das Wort zu einem Synonym für *Nörgelei* ausgeleiert wurde. Aber warum eigentlich sollte es dem Begriff anders ergehen als der Methode?

Struktur = lat. *struere* = (aufeinander)stappeln. Denkbar einfach: Struktur entsteht durch Wiederholung. Erkennen sie das Muster?

Suggestion – lat. *suggere* = bringen, liefern, aufhäufen. Einfluss durch Belieferung, vgl. engl. *suggest* = vorschlagen. Was gebracht wird, ist ein Vorschlag, ein Angebot. Hingegen ist *Selbstbedienung* lediglich *Auto-Suggestion*.

Sünde – obwohl der Begriff von den meisten wohl mit Kirche oder Bibel in Verbindung gebracht wird, ist es ein altes deutsches Wort und kommt von ahd. *sunta* = Schande.

Synagoge – ist kein jüdischer Ausdruck, sondern stammt von gr. *syn* = zusammen und *age'in* = führen, also eine Zusammenführung, oder salopp gesagt, eine Versammlung. Im Judentum wird der Ausdruck erst von den Reformern im 19. Jhd. benutzt. Die mittelalterliche Bezeichnung der Juden selbst lautete bis in die Neuzeit hinein „Schul", da vielen Bethäusern auch Lehrhäuser zum Studium von Tora und Talmud angegliedert waren.

Szene – stammt von gr. *skenos* = Brett. Die Bretter vor dem Kopf, die für manche dann zwangsläufig die Welt bedeuten. Gemeint ist natürlich das was im Theater auf den Brettern dargeboten wird. Offenbar waren aber Bretter zugleich auch Bühnenbilder und damit auch Szenarien. Das ist reizvoller als ein bloßes Brett zu beobachten.

Tabernakel = von lat. *taberna* = Hütte, Laden, Bude, wovon die **Taverne** ebenso stammt wie der kirchliche Kasten zur Aufbewahrung der Hostien. Im Engl. bezeichnet man auch noch das jüdische Laubhüttenfest als *Feast of Tabernacles*.

Talent – gr. *talenta* = Gold, Geld. Talent ist eine antike griechische Goldmünze. Wenn Sie das nächste mal davon hören, dass jemand Talent besitzt, wissen Sie auch, was *tatsächlich* damit gemeint ist. Talent haben, talentiert sein, heißt im Wortsinn Geld haben oder gefördert zu werden, es wenigstens „verdient" zu haben oder im Verdacht stehen, irgendwann mal Geld einzubringen, auch wenn heute oft suggeriert wird, dass Talente, gedeutet als „(künstlerische) Fähigkeiten" im „genetischen" Sinn „angeboren" oder gar vererbbar wären und nichts mit Unterricht, Übung oder gar harter Arbeit zu tun hätten. → Museum.

Test – ist ein Zeugnis, im Sinne von Zeugnis ablegen, bei einer Prüfung von den eigenen Fertigkeiten, von lat. *testeo* = bezeugen, *testis* = Zeuge (aber auch: Hoden). Beides geht zurück auf lat. *testa* = Muschel oder Schale. Die Muschel ist sozusagen die natürliche Form der Schale oder eines kleinen Kruges. Kleine Muscheln wurden im *testarum suffragia* = Verfahren (Muschel, bzw. „Scherben" Abstimmung) soz. als „Stimmzettel" verwendet. Auch die Testikel (Hoden = deuteten die Römer als „Muscheln". Begrifflich basiert auch das Testament darauf.

Text – von lat. *textere* = weben, flechten. Ein Text ist ein Gewebe, ein Geflecht, begrifflich noch in meist nur noch maschinell hergestellten *Textilien* erhalten.

Theater – von gr. *teatron* = Schaustellung von *teates* = beobachten, anschauen. Schlicht: die *Schaulust*. Während die Liebe zum Theater durchaus → kulturellen Ansprüchen entsprechen soll, ist im Gegensatz dazu der gemeine Schaulustige selbst eher ungern gesehen. → Jalousie.

Therapie – von gr. *terapeutes* = Knecht, Diener. So man einen Therapeuten benötigt, will man bedient werden, möchte also Herr sein, doch dient die Therapie (wörtlich: Bedienung, *nicht* Heilung) im Grunde dem Therapeuten (und seinem Personal, seinen Dienern) zum Broterwerb.

Thron – von gr. *tronos* = Sitz, Sessel, besitzt zumindest im Wortsinn heute eigentlich fast jeder.

Tinktur – lat. *tinctua* = Farbstoff, Färbemittel. Dem Wortsinn nach müssten heute Lippenstift, Sonnencremes, Rouge und dergleichen Heilmittel sein. Zumindest werden sie in großen Mengen gekauft.

Toleranz – lat. *tolero* = ertragen, aushalten, erdulden, ernähren, von lat. tolus = Last, Bürde. Toleranz ist im Wortsinn die (meist finanzielle) „Fähigkeit", Lasten zu schultern, zu (er)tragen. Zumindest bei den alten Römern. Dort bezog sich das auf die Herrschaften, die sich einen Knecht (*servus*) oder Magd (*serva*) leisten konnten, oder auch mehr davon. Toleranz kostete damals etwas. Im Umkehrschluss hieß es, dass je toleranter einer war, er umso mehr Sklaven besaß. Die heutige Variante bedeutet hingegen in etwa, dass man die Selbstverständlichkeit, dass einem die privaten Belange anderer wenig angehen, öffentlich bekunden will.

Torpedo = lat. *Lähmung*. Man kann eben nicht alles erklären, aber vielleicht hat es etwas mit → Narkose zu tun.

Tradition – lat. *tradere* = weitergeben (tradieren), vgl. engl. *trade* = Handel treiben. Alles was weitergeben werden kann, bildet eine Tradition.

Trenchcoat – engl. *trench* = Schützengraben und *coat* = Mantel, ursprünglich der im ersten Weltkrieg 1914-18 eingesetzte, imprägnierte und damit wasserfeste Baumwollstoffmantel der britischen Armee. In der Nachkriegszeit oft im Milieu von Kriminalfilmen gezeigt, wohl um eine Art soldatischen Hintergrund anzuzeigen.

Trick – von frz. *trichier* = betrügen. Wird heute nicht mehr grundsätzlich negativ bewertet, was im jeweiligen Kontext dann vielleicht auch aufschlussreich sein kann.

Trikot – von frz. *tricot* = Stricknadel und *tricoter* = stricken. Der Begriff ging dann über auf Strickwaren, wurde aber vom engl. *pull/over* (wörtlich Über/zieher) verdrängt. Ist vielleicht auch besser so: Man stelle sich Fußballspieler in handgestrickten Wollpullovern vor ...

Tumor – lat. *tumor* = Gärung, Blähung, *tumeo* = schwellen, blähen, gären. Als bloße *Blähung* im Wortsinn verliert ein Tumor durchaus an Schrecken. Vielleicht auch ein dezenter Hinweis darauf, dass eine bessere Ernährung und Verdauung eine Heilung mitunter zumindest positiv beeinflussen *können*.

Turban – von pers. *doleban*, in Europa zunächst *duliban* oder *tolepan*, schließlich ab dem 17. Jhd. vor allem in Frankreich *tourban* geschrieben. Seit Ende der 1990er Jahre kam das Wort als *Taliban* wieder ins (medial geprägte) Bewusstsein, jedoch ohne mit der Kopfbedeckung (die auch das Wort Tulpe beeinflusst hat) in Verbindung gebracht zu werden. Beide Begriffe stammen übrigens vom selben arab. *talib* = Schüler, Student.

Typhus – von gr. *typhos* = Blödsinn, Quatsch, Nonsense, auch: Dampf, „heiße Luft". Wohl wegen dem Dampf ging der Name über auf den Fieberwahn, aber auch auf Fans → in Italien, wo Fußballanhänger *„tifosi"* genannt werden, was wörtlich „Schwachsinnige" heißt.

Universum – unser Begriff für das "All", das Alles, den Weltraum, etc. entlehnt aus lat. *unversalis* = *allgemein*, setzt sich zusammen aus lat. *unus* = eins und *vertere* = drehen, wenden, wandeln. Das Universum in demnach also eingedreht, vielleicht auch nur zusammengefaltet. Passt bei Zeiten zur Idee der Krümmung des Raums. Vom selben Begriff leitet sich auch die **Universität** ab, wo man in sich kehrt, um sich zu entfalten.

Unze – frz. *once* = Zwölftel, vgl. engl. *inch* (1/12 foot). So könnte man dann auch die Stunde nennen oder den Monat.

Urin – lat. Wasser, wässern, regnen, noch erhalten im „Wasser lassen", dazu *urna* = Wasserkrug, Topf, Lostopf, von dem auch die gebräuchliche Urne (für Asche und Wahlen) stammt. Lat. *urinari* = tauchen, *urinator* = der Taucher. Auch im „ewigen" Rom, von wo die Aussage „Geld stinkt nicht" herstammt, bleibt nicht alles beim Alten. Es muss aber nicht verwundern, dass so mancher befürchtet, durch die Strahlen des (begrifflich verwandten) *Uran* verseucht zu werden. Zumindest der linguistische Befund legt es durchaus nahe. Der Urin Begriff stammt wie so vieles aus dem gr. wo *uranos* schlicht der *Himmel* ist, *urin* als „Himmelswasser" demnach der Regen, bzw. das (im Krug Gesammelte) Regenwasser.

Virus – mit Artikel *der* oder *das* (letzteres gilt als wissenschaftlicher), ist lat. und heißt eigentlich nur Rotz oder Schleim. Wenn einem die Nase tropft hatte man den Virus, mittlerweile gilt der/das Virus als Verursacher verschiedener Krankheiten, wie Pocken, HIV, Masern, Tollwut, Ebola- oder Computer-Virus. Besonders **virulent** im Jahr 2020 der Corona-Virus, deutsch: *der* „Kronenschleim" (oder -rotz).

Vulkan – ist benannt nach einer kleinen nördlich von Sizilien gelegenen Insel Vulcano, deren Name auf lat. *vulga* = Haufen und gr. *bulos* = Erdklumpen, Batzen, Haufen, etc. zurückgeht und damit zumindest die Art der Inselentstehung dokumentiert.

vulgär – lat. *vulgaris* = übliche, (all)gemein, alltäglich. Was alltäglich und überall anzutreffen ist *von oben nach unten* gedacht unfein, derb, niveaulos, usw.

Witz – mhd. Verstand, Wissen, Einsicht, abgeleitet von *wid/wit* = ein aus Pflanzenfasern gedrehter Strang, zu *widen* = etwas binden, drehen oder flechten. Witz, Weisheit, Wissen, erlangt man also handwerklich aus der Verbindung mehrerer Stränge.

Wucher – von mhd. *wuchern* = wachsen, Wuchs. Wucher war das übliche deutsche Wort für Zins und hat keine weitere Bedeutung. Unter kirchlichem Einfluss bekam das deutsche Wort eine negative Bedeutung, während das lat. Zins gebräuchlich wurde. Man kann nur raten warum. Noch erhalten ist die Redensart „ein Pfund mit dem man wuchern kann", was sich auf die Währung Pfund bezieht.

Xenophobie – was heute als Fremdenfeindlichkeit bezeichnet wird, beruht im Wortsinn auf gr. *xenos* = Gast, zu *xenios* = gastlich, gastfreundlich, *xenisis* = Bewirtung, *xenon* = Herberge, usw. und gr. *phobos* = Zurückhaltung, Scheu. → Phobie. Ein alter Grieche würde sich fragen, was damit gemeint sein soll, bzw. welcher Wirt einer Herberge gegenüber seinen Gästen scheu sein sollte. Der Begriff selbst findet sich im Französischen bereits seit der Zeit des Humanismus, wird aber erst nach Ende des Ersten Weltkriegs populär.

Xylophon – von gr. *xylon* = Holz, Balken, Schlagstock (zur Züchtigung) und *phone* = Klang. Zunächst wurde mit dem Holz geschlagen, dann das Holz selbst. Ausnahmsweise mal eine positive Entwicklung, die deshalb auch zurecht Anklang fand.

Zahl = mhd. *zal* = Menge. Wie lat. *numerus* bezeichnete *zal* zunächst keine bestimmte Ziffer, wie 3 oder 412, sondern eine *undefinierte* Anzahl von Personen, Tieren oder Sachen.

Zoo – gr. *zo'on* = Lebewesen, Tier, zu hebr. *zon* = Kleinvieh (Schaf, Ziege) vom Kleinvieh zum Tier im Allgemeinen zum Tiergehege, -reservat.

Zyklus – gr. *zyklos* = Mauer, Stadtmauer, rund gedacht, und einmal umrundet = ein Zyklos. Versuchen sie das mal in Nördlingen, wo das noch geht.

Zyankali – gr. *kyanos* = dunkelblau (etwa ital. *azzuro*), Kupferblau, von daher zum Gift deklariert.

Zynismus – gr. *kynos* = Hund. Unter Zynismus versteht man etwa das, was in der Einführung zu den vier Typen als „böse" erläutert ist, entwertender Spott. Heutzutage ist dies vielerorts als Humor legitimiert, anderen gegenüber, versteht sich. Mit realen Hunden hat das so viel zu tun wie mit Prostitution (vgl. engl. *bitch* = Hündin/Hure). → König, → Kannibale zu *canis* = Hund.

Verzeichnis der Stichwörter:

Alkohol, Akademie, Aktie, aktuell, Alternative, Amateur, Amok, Amazone, Ampel, Amputation, Anatolien, Angst, animalisch, Antenne, Apokalypse, Architekt, Archiv, Arena, Argument, Arroganz, Athlet, Atmosphäre, Attentat, Auktion, authentisch, Autogramm.

Basis, Baptist, Bibel, Bolschewik, Braut, Brille, Buch, Budget, Bungalow, Bunker, Büro.

Chance, Chaos, Charakter, Chauffeur, Chirurg, Chor, Cockpit, Cocktail.

Dämon, Dank, Defekt, Definition, Delphin, Demagoge, Demokratie, Demonstration, Deputation, Despot, Detail, Dezember, Detektiv, Diabetes, diabolisch, Diät, Dienstag, Dilettant, Dinoaurier, Diplom, Diskette, Dogma, Doktor, Dorf, Dosis.

Elefant, Ellipse, Embargo, Epilepsie, Elektron, Embryo, Engagement, Eukalyptus, Europa, Evolution, Ethik, Ethnie, Etymologie, Exorzist, Experte, Explosion.

Fabrik, Fabel, Fagott, Fakt, Familie, Fan, Farce, Faschismus, Fassade, Fastnacht, Favorit, ficken, Flittchen, Friede, Folter, Foul, Frage, Frustration.

Gast, Gelatine, General, Gott, Glück, Grippe, Groteske, Gruß, Guerilla, Gymnasium.

Hass, Hektik, Helikopter, Hokuspokus, Hospital, Hostie, human, Humor, Hure, Hygiene, Hysterie.

Identität, Idiot, Infarkt, Inflation, Influenza, Insekten, Integration, Inzest, Ironie, Isolation.

Jalousie, Justiz, Juni, Juli.

Kamera, Kamille, Kandidat, Kannibale, Kapital, Karikatur,
Kartell, Kartoffel, Katarrh, Katastrophe, Katalog, Kaution,
Keulen, Kirche, Klerus, Klinik, Kobalt, Koitus, kolportieren,
Komet, Komma, Kompass, König, Kontroverse, Kosmos,
Krater, Kreatur, Kredit, Kritik, Krokodil, Krone, Kröte,
Kulisse, Kultur.

Labyrinth, Lappalie, Latenz, Lavendel, Lawine, Legende,
liberal, Liter, Liturgie, Logik, Lotto, Lupe, Luzifer.

Macho, Mädchen, Mafia, Magie, Magnet, Malaria,
Manipulation, Mannequin, Marionette, Märtyrer,
Masochismus, Masse, Materie, Medium, Meile, Melisse,
Melone, Mensa, Messe, Messias, Metall, Methode, Metropole,
Milieu, Million, Mimose, Minarett, Möbel, Mode, Monarch,
Mönch, Monster, Moral, Morphium, Moschee, Mumie,
Museum, Mythos.

naiv, Narkose, Nation, Nazi, Notar, Nuance, Nummer,
Nymphe.

Objekt, Ökologie, Ökonomie, Oktober, Oktopus, Olympia,
Onkel, Opium, optimal, Orchester, orthodox, Ostern, Ozon.

Palme, palliativ, Panik, Panzer, Paradies, Paradox, Parfüm,
Parlament, Parodie, Partner, Pastor, Pazifismus, Penis,
Person, pervers, Phallus, Phantasie, Philister, Philanthrop,
Philosophie, Phobie, Phosphor, Pirat, Plagiat, Plan, Plasma,
Pogrom, Polemik, Politik, Pontifex, Porzellan, Post, plötzlich,
Predigt, Preis, prekär, Problem, Professor, Profit, Prognose,
Programm, Propaganda, Prophet, Prophylaxe, Proletarier,
Prostitution, Protest/ant, Provision, Prozess, Pseudonym,
Psyche, Pubertät, Publikation, Pudding, Pupille.

Quacksalber, Qualität, Quantität, Querulant, Quiz, Quote.

Radio, Rakete, Reaktor, real, Rebell, Recherche, Regel,
Register, Reibach, Reklame, Rekrut, Religion, Relikt, Rente,

Reporter, Republik, Resolution, Ressource, Revier, Revolver, Rezept, Riester, Roboter, Roman, Rubrik, Rune.

Saal, Sabotage, Salami, Salbe, Sankt, Sarkasmus, Sarkophag, Satan, Satire, Saturn, schwul, Sekretär, September, Serum, Signal, Skandal, Skelett, Skorpion, Sklave, Skrupel, skurril, Slang, Slogan, Soldat, Solidarität, sozial, Skepsis, Spaghetti, Spaß, Spekulation, Sperma, Spezialität, Spirit, spontan, Spleen, Spiegel, Sport, Staat, Stereo, Stern, Stress, Struktur, Suggestion, Sünde, Synagoge, Szene.

Tabernakel, Taverne, Talent, Test, Text, Theater, Therapie, Thron, Tinktur, Toleranz, Torpedo, Tradition, Trenchcoat, Trick, Trikot, Tumor, Turban, Typhus.

Universität, Universum, Unze, Urin.

Virus, Vulkan, vulgär.

Witz, Wucher-

Xenophobie, Xylophon.

Zahl, Zoo, Zyklus, Zyankali, Zynismus

Literatur:

Adamantios, Chrestos – Λεξικόν ελληνο-λατινικόν, 1908

Boisacq, Émile – *Dictionnaire étymologique de la langue grecque*, 1916

Chantraine, Pierre – *Dictionnaire étymologique de la langue grecque*, 1968

Hofmann, Johann Baptist – Ετυμολογικόν λεξικόν της αρχαίας ελληνικής, dictionnaire étymologique du grec ancien, 1950

Kluge – *Etymologisches Wörterbuch der Deutschen Sprache*, 23. Auflage, 1995

Pape, Wilhelm – *Handwörterbuch der Griechischen Sprache*, 1880

Powell, Enoch – *Lexicon to Herodotus*, 1938

Pillon, Alexandre – *Handbook of Greek synonyms*, 1850

Pape W./ Benseler Gustav – *Wörterbuch der griechischen Eigennamen*, 1884

Pfeifer, Wolfgang – *Etymologisches Wörterbuch des Deutschen*, 1989

Schnittehner, Friedrich – *Ausführliche teutsche Sprachlehre: nach neuer wissenschaftlicher Begründung; als Handbuch für Gelehrte und Geschäftsleute*, 1828

Schnittehner, Friedrich – *Über Pauperismus und Proletariat*, 1848

Skutsch, Franz – *Der kleine Stowasser, lateinisch-deutsches Schulwörterbuch, mit Einleitung und Etymologie* (Nachdruck 1969)

Auswahl weiterer Bücher des Verfassers

„Tage des Gerichts, der Bericht des Ber Ulmo aus Pfersee", übersetzt aus dem Hebräischen und kommentiert, 2012

„Der Augsburger Judenkirchhof, zur Geschichte und zu den Überresten des mittelalterlichen jüdischen Friedhofs in der Reichsstadt Augsburg", 2013

„Mord am Lech – ein jüdisch-bayerischer Kriminalfall aus dem Jahr 1862", 2. Auflage 2017

„666 die Zahl des Menschen – das Mysterium der Apokalypse im Spiegel jüdischer Geschichte", Februar 2016

„Der jüdische Friedhof von Binswangen, Hintergründe, Fotos, Grabstein-Inschriften, Familiengeschichten / The Jewish Cemetery of Binswangen, Background, Photos, Grave Marker Inscriptions, Family History" (Deutsch & English) Mai 2016

„Der Bundestag zu Augsburg – das Ende des Deutschen Bundes im Sommer 1866", Juli 2016

„Das Haus der drei Sterne, die Geschichte des jüdischen Friedhofs von Pfersee, Kriegshaber und Steppach bei Augsburg, in Österreich, Bayern und Deutschland", erweiterte Neuauflage mit Friedhofsregister und Grabsteininschriften, November 2016

„Humor, Wucher, Weltverschwörung – die geläufigsten Vorurteile gegenüber Juden und was es mit diesen auf sich hat", März 2017

„Beiträge zur jüdisch-deutschen Sprachgeschichte, mit etymologischem Wörterbuche jüdischer Wörter in der deutschen Hochsprache", August 2017

Praktische Einführung in die hebräische Schrift, Schnell Hebräisch lesen und schreiben lernen anhand geläufiger, schon vor dem Sprachstudium bekannter Namen und Vokabeln mit Tabellen und Erläuterungen zum Hebräischen und Jiddischen, Mai 2018

Vom Himmel kämpfen die Sterne, die Geschichte der Juden im heiligen Pfersee bei Augsburg, Dezember 2019

3. Auflage, Juli 2020   (1. Auflage 2015)

Umschlaggestaltung: Yehuda Shenef

ISBN: 9783750498891
Herstellung und Verlag: BoD- Books on
Demand, Norderstedt

Printed in Germany